給料が増えて会社もうるおうボロ儲け経営術

大村大次郎
OMURA Ojiro
元国税調査官

双葉新書 062

まえがき

私は、かつて10年ほど国税調査官という仕事をしていました。その期間に、数百社に及ぶ企業経営者の方と接触してきました。申告書、決算書を見た企業の数は数万に及ぶでしょう。

企業経営というのは、その形態は様々です。

巨大な物体を製造している企業もあれば、書類のやり取りだけで商売をしている企業もあります。毎日、大勢の人が集まって作業をしている企業もあれば、社員のほとんどは外に出て営業活動に終始している、という企業もあります。

企業形態というのは、本当に千差万別の世界なのです。

でも長く続いている企業の経営者には、たとえそれがどんな業種でも、いくつかの共通した法則があります。

たとえば、優れた企業経営者のほとんどは、決算書を読めません。売上とか、利益とか、決算書の一応の流れはわかるのですが、細部まで正確に読み込める人というのはあまり見たことがありません。

でも優れた経営者は、本当に大事な数字はきちんと把握しているのです。経営にもっとも大事な数字だけは常に頭の中に入っていて、経営のあらゆる場面に対応できるようになっているのです。

また「経営に必要不可欠なもの」というものも、ある程度、共通しています。経営に不可欠なものは、そんなに多くはありません。でもそれがないと、絶対に経営は成り立たないのです。

そういう情報を、この本でご紹介していきたいと思っています。

本書は、以前に単行本として出版した『悪の経営学』という本を修正して新書化したものです。

「悪の……」などというと、ちょっと過激なイメージではありますが、犯罪的な経営手

というわけではありません。

のは、キレイごとでは済まされません。

とく見つけなくてはならないし、競争相手に打ち勝たなくてはなりま

金をかけずに、いい人材を集めなくてはならないし、銀行や税務署を

うまくいくるめなければならない場合もあるでしょう。経営が危機に陥ったときには、なりふり構わず、それを回避しなければなりません。

また、経営には「お金」に関する情報が欠かせないものです。

資金をどうやって調達するか？

儲けたお金をどうやって残すか（税金を取られずに）？

でも、お金に関する情報というのは、実は世間にあまりありません。抽象的、精神論的な情報はけっこうありますが、具体的な情報はあまり見かけないのです。

たとえば、税務署が突然調査にきたとき、会社はそれを拒否する権利を持っていることを、皆さんはご存じですか？

税務署の調査って、実はほとんどが任意調査なんです。だから、もし都合が悪いときには拒否してもいいのです。

また国は今、様々な形で中小企業に助成金を出しています。助成金などというものは、特別な企業しか受けられない、と思っている人も多いようですが、それは間違いです。

助成金の範囲は相当に広く、普通の企業でもバンバン受けることができます。でも助成金の受け方ってあまり知られていないでしょう？

助成金に限らず、国は相当な範囲で中小企業の融資なども行っています。

そういう情報を知っているのと知らないのとでは、全然違います。知らない人たちは、せっかく助成金を受けられる資格があるのに、みすみすそれを逃しているのかもしれません。

ほんのちょっとした知識があるだけで、数百万、数千万、場合によっては数億円のお金を手に入れられることがあるのです。


この『給料が増えて会社もうるおうボロ儲け経営術』は、そんな具体的で本音の情報を詰め込んだ本です。

経営者の方はもちろん、サラリーマンの方々にも役に立つように、どんな企業にも共通する大事な情報を入れているつもりです。

といっても、肩肘張って読まなくてはならないような重い本ではありません。電車の中や仕事の休憩中にでも、気楽に読んでいただければと思っています。

給料が増えて会社もうるおうボロ儲け経営術　目次

第2章 「借金がうまい人」の資金調達

第3章　税金ほどバカバカしい支出はない

第4章 悪の人事管理術

第5章　税務署には逆らわず、従わず

第6章　コネと備えで経営危機を乗り切る

※本書は、２０１０年に発刊された『悪の経営学』（双葉社）を加筆修正したものです。

第1章

経営者は決算書なんて読めなくていい

経営者に必要なものは3つだけ

経営者に本当に必要なものってなんだと思います?

経営者としての資質?

そんなものは必要ありません。

〝経営者は人格者〟などというのは、迷信にすぎません。

成功した経営者が、よく精神論的な本を書いたりしますが、あれは格好つけているだけのことです。

経営に関する知識?

そんなものも、必要ありません。成功した経営者のほとんどは経営学など学んでいません。中学しか卒業していない、という経営者も腐るほどいるのです。

経営者として成功するのに大切なことは、3つだけです。

1つ目は**「金儲けのスキーム」を確立する**こと。

企業経営でまず大事なのは、「金儲けのスキーム」です。これがなければ、どんな企業も成り立ちません。逆にいえば、これを持っていれば、どんな人でも経営者になれるのです。

「金儲けのスキーム」というのは、事業を行う上でそれがちゃんと利益に結びつくシステムとなっている、ということです。

偉大な経営者というのは、必ずこのスキームを作っています。

たとえば、松下幸之助。彼がもっともすぐれていた点というのは、人柄でも理念でもありません。二股ソケットを作ったという点です。日本で電化製品が出回りはじめた頃、まだ家庭のコンセントの設備が整っていなかったので、彼の作った二股ソケットは非常に重宝されました。それがなければ、彼は、後に世界的な大企業を作り上げることもありませんでしたし、〝経営の神様〟などと奉られることもなかったのです。

その点を理解せずに松下幸之助の経営哲学などをありがたく読んでいても、決して経営がうまくいったりはしないのです。

2つ目は**資金調達能力**です。

企業を経営していくには、多かれ少なかれ、資金が必要です。必要な資金を調達できない人は、絶対に企業経営などできないのです。資金を調達するためには、「会社の利益」や「自分の使えるお金」を把握しておかなければなりませんし、税金対策も必要になります。これはまあ、当たり前といえば当たり前です。でも普通の人には、これがなかなかできないのです。

そして最後の1つは、**危機回避スキル**です。

事業をしていると、一度や二度は必ず会社の存立を脅かされるような危機が訪れます。そのときに危機をどう回避するかが、経営者としての真価でもあります。危機を回避するためには、予防策も講じておかなければなりませんし、いざというときに助けてくれる人とのコネクションも持っていなければなりません。ネットが発達して、事業にはコネなど不要になっていると思われますが、でもやはりコネクションがあるのとないのとでは、全然違います。

「金儲けのスキーム」「資金調達能力」「危機回避スキル」。とりあえず、この3つがしっかりしていれば、経営はなんとかなるのです。経営理念とか人材育成とかリーダーシップとかは、この3つが揃ったあとの話であり、いわば枝葉の話なのです。

経営者に必要な３要素

①金儲けのスキームを確立すること 売れる物（技術）を持っていること

これがなければ、どんな優れた資質を持っていてもビジネスはできない。経営者としてはもっとも大事なスキル。どんな偉大な企業家も、必ず最初にこれを手に入れている。

②資金調達能力

資金がなければ、いい商品（技術）を持っていても起業することができないし、事業を拡大することもできない。また、不景気などで資金繰りが悪化したときに、乗り切ることができない。

③危機回避スキル

危機に対する予防策や助けてくれる人のコネクション。特にコネクションがなければ、せっかく事業がうまくいっても広がりにくく、ピンチのときに、潰れてしまう可能性も高い。

金を儲けるには『人が何を欲しているのか？』を見極める！

本書では、経営に必要な3要素をどうやって会得するかということを、紹介していこうと思っています。が、「金儲けのスキーム」は、そのままずばりを紹介することはできません。

というのも、「金儲けのスキーム」というのは、それこそ星の数ほどあるわけです。しかも、その中には「だれがやっても絶対に儲かる」というものはほとんどありません。時と場合と人がぴったり合ったときにしか、そのスキームは作動しないのです。

もし、だれがやっても絶対に成功する金儲けのスキームを私が知っているのなら、とっくに自分でやっています。本の執筆という仕事よりも優先しています。

だから、ビジネス書の中で「絶対に利益が出る」などというタイトルのものがあれば、それはほとんど嘘だと思っていいです。もしくは、とても抽象的なことばかり書いた精神論の本です。具体的に「これをやれば絶対に利益が出る」などと示唆することはできないし、もしそれを知っている人がいても、教えるはずがないのです。

ただし、「金儲けのスキーム」を見つけ出すにはどうすればいいのか、ということについては、私は経験上、若干の知識があります。

それは、「金儲けの方法」をダイレクトに探すのではなく、**「人が欲しているものは何か」を探す**ということです。私がこれまでに実際に見てきたうまくいっている会社の経営者は、必ず「人が欲しているもの」を探し当てていました。

たとえば、私が出会った経営者には次のような人がいました。医療器具の卸会社を経営しているTさんという人です。

彼は、もともとは医療関係のメーカーのサラリーマンをしていました。彼はその仕事の中で、病院や医者は、医療器具についての知識が非常に乏しいことを知りました。病院や医者は、メーカーの口のうまいセールスマンに簡単に乗せられて、高額の医療機器を買ってしまっていたのです。

それに気づいた彼は、病院や医者に対して、「医療機器のコーディネートをする」という仕事を思いつきます。その病院や、その医者に本当に合った医療機器を紹介するのです。この仕事は病院にも医者にもありがたがられ、すぐに事業は軌道に乗りました。

また、こういう経営者もいました。

ビルの清掃事業をしているKさんという人です。この人は、長く建設現場で働いていたのですが、建設したビルの清掃をしてくれる清掃会社が少なく、ビルの管理会社が困っているということを知りました。そこで、ビルの清掃を専門にする会社を作ったのです。

こういう具合に、うまくいっている経営者というのは、必ず、「人が欲しているものは何か」ということを掴み、それを提供することに成功した人たちなのです。松下電器にしろ、ソニーにしろ、ホンダにしろ、基本は同じです。

有能な社長にバカ正直な人はいない

企業の経営者には、いろんな人がいます。

あまり愛想のよくないガチガチの技術屋さんもいれば、やたら調子のいい営業上がりの人もいますし、細かい数字に強い人、逆にとても数字に大雑把な人もいます。

しかし、共通しているのは**有能な社長にバカ正直な人はいない**、ということです。

できたばかりの会社ならいざ知らず、数十年も経営を続けてきた会社の経営者は、それなりに「人が悪い」のです。

税務調査などに行って、こちらのいうことを「ハイハイ」聞くような人はほとんどいません。いや、表面上は「ハイハイ」といっても、腹の中では決してそんなことは思っていないのです。

経営方針などで、「社会に役立つ」などということをうたっている企業も多いのですが、それを鵜呑みにすることはできません。「社会に役立つ」のは、あくまでその会社の経営がうまくいってからの話なのです。

経営がうまくいくまでは、どんな経営者も必死に自分のため、会社の利益のために働いているのです。

松下幸之助だって、今でこそ〝社員を大事に〟とか、〝社会のために〟などと殊勝なことをいってきたという記録が残っていますが、バリバリの経営者だったころは、大阪の主婦から不買運動を起こされたこともあります。

なぜ不買運動を起こされたかというと、ダイエーが松下電器の商品を値引きセールしたところ、松下幸之助が怒って、ダイエーへの出荷停止を行ったからなのです。それを知った大阪の主婦などが、松下電器製品の不買運動を起こしたのです。

また、他国にはテレビをダンピング（格安販売）していたのに、日本では逆に高く売っていたのがばれて、これまた消費者から不買運動を起こされたこともあります。松下幸之助は〝経営の神様〟などと持ち上げられていますが、独占禁止法スレスレのようなことをしていたのです。そういうことまでしないと、ビジネスとしては生き残れなかったということです。

もちろん松下幸之助は、このときに社会の信用を取り戻す努力をし、それに成功したからこそ今の名声があるわけです。

要は、まったくの聖人君子の経営者なんていない、経営はそんなきれいごとではできない、ということです。

利得ばかりに走るのでは、信用を失って結局自分の首を絞めてしまう。かといって、利得を考えないと商売は成り立たない。信用を維持しつつ利を得るという、このバランス感覚が必要だということです。

「自分の好きなことをやれ」は本当か？

起業のノウハウ本や、ビジネスマンの啓蒙書などでは、「自分の好きなことをやれ」

ということをよくうたっています。

私がこれまでに接してきた企業経営者を思い起こしてみると、これは半分は当たっていますが、半分ははずれている、といえるでしょう。

確かに、企業経営者として成功している人は、自分の好きなことをしてきた人が多いのです。自分の好きなこと、興味があることを追求するうちに、それが大きなビジネスになっていた、というような。

しかし、なぜそうなったのか？　ということを冷静に見極める必要があると思われます。

彼らが好きなことをしてうまくいっているのには、大きく2つの要因があると思われます。

1つは、**好きなことやっているのだから、それに対する習熟度が高く、情報なども豊富に持っている**ということです。つまり、〝好きこそものの上手なれ〟ということです。

それともう1つは、**好きなことをやっているのだから、苦難に耐えられる**ということです。人は好きなことをしているときは、多少の障害があっても諦めません。

そういうことがあるから、好きなことをすれば成功しやすいのでしょう。

ただ、好きなことをすればなんでもうまくいく、というわけではありません。ビジネスに必要な、その分野に関する高い習熟度、豊富な情報、成功するまで頑張りぬく忍耐力が得やすい、ということです。逆にいえば、高い習熟度、豊富な情報、成功するまで頑張りぬく忍耐力がなければ、好きなことをやっていても、そうそう成功するものではないということです。

好きなことをやっていても、必ずしも成功していない例を、私は何度も見たことがあります。

たとえば、確定申告期に行われる納税相談で、次のような事業者が申告相談にきたことがありました。

それは、郊外でペンションを営んでいる経営者の方でした。そのペンションは人里離れた、観光地でもない場所にあり、無農薬野菜などを提供し、自然に親しむ、というコンセプトを持っていました。

その人は、3年前にサラリーマンを辞めてこのペンションを開業したということで、ペンションをはじめることは長年の夢でした。

この経営者は、学生のころワンダーフォーゲル部に入っていて、自然に親しむ生活にあこがれていたそうです。また、無農薬の食品などにも非常に興味を持っていたとのことです。

自然の中で、健康的な食品だけを提供するペンションを作ることを夢見て、サラリーマン時代からコツコツとお金を貯めていたのです。

しかし、このペンション、経営的にはあまり芳しくありませんでした。毎月の収入は非常に低いのです。

帳簿を見せてもらったところ、だいたい月に4、5件の宿泊者があるだけです。それも経営者の知人などがほとんどだそうです。

このペンションの事業内容を細かく聞いてみると、その原因がわかってきました。

「料理は、どんなものが出るんですが」

「無農薬栽培の野菜を中心に出しています」

「Aさんは、料理をされていたんですか」

「いや、自己流です」

このペンション、「自然食品を食べられる」「自然の中にいられる」ことのほかには、特徴がないようなのです。

アウトドアがブームになり、環境問題がクローズアップされるなか、「自然に親しむ」というコンセプトは、時代を先取りしたものでもありました。

でも都会の人を呼び込むにあたって、〝ただ自然の中にいる〟というだけでは、とても退屈してしまいます。一度は泊まりにきても、二度こようとは思わないでしょう。

この経営者は、ペンション経営に関するノウハウが、絶対的に不足していたのです。

好きなことをやって成功している人というのは、自分の好きなことと世間の需要を、上手に結びつけている人なのです。好きなことをやりさえすれば、成功するわけではないのです。

自分の趣味を事業に結びつけたレンタルビデオ店経営者

前項の例とは反対に、自分の好きなことをうまく商売に結びつけた人もいます。

私が国税調査官時代に調査をした、ビデオレンタル業をしているG社の話です。そのビデオ店は3店の支店を持ち、かなり繁盛していました。

今でこそレンタルビデオ店などは当たり前の世の中ですが、それは20年以上前の話です。レンタルビデオ業というのは、かなりのベンチャービジネスだったはずです。社長はそのビジネスを20代で開業したそうです。

この社長は、学生の頃から18歳未満禁止のビデオ、つまりアダルトビデオが非常に好きでした。その当時、レンタルビデオ店はちらほらありましたが、家族客などが多く、またアダルトビデオコーナーも狭かったので、あまり使い勝手はよくありませんでした。

そこでこの社長は、自分でアダルトビデオが充実したレンタルビデオ店を作ることを思い立ちました。

そして会社勤めをしながら、アルバイトまでしてお金を貯め、出店したのです。

店舗は、街中から少し離れたところに開きました。自分の経験上、アダルトビデオを借りるならば、人通りが多いところよりも、人があまりいないところのほうがよかったからです。しかも、そのほうが家賃は安いのです。

また彼は、自分の知識をフルに活用し、人気のあるビデオソフトを揃えました。そして、店舗が増えると、ビデオソフトをローテーションで各店に回し、客に飽きさせないように工夫していました。

自分の好きなことでビジネスをする場合、大事なのは、**独りよがりにならない**ということでしょう。前にもいったように、ビジネスでは、相手が欲しがるものを提供しなければなりません。

そこでは、情報力や分析力が必要とされるのです。

「どこで何をすれば、どれだけの売上、利益が見込めるのか」

このシミュレーションがきっちりできているかいないかが、ビジネスの成功の可否を握っているのです。

捨てる技術、拾う技術

経営における重要な要素に、**捨てる技術**があります。

経営者というのは、得てしていろんなことをやりたがります。経営を少しでもよくしたいために、できそうもないことにも無理に手を出す。しかし、これは失敗する典型的なパターンでもあります。

苦手なことはしない。無理はしない。その代わり、できることはしっかりやる。これが、私が見てきた〝成功した経営〟の基本です。

当たり前のことをいっているようですが、これがなかなかできないのです。

たとえば、私が税務調査をした飲食店で次のようなケースがありました。その店の経営者は、長年、中華料理の修行をしてきた料理人です。若い頃から少しずつお金を貯めて、夢だった自分の店を持つことができたのです。

この経営者、中華料理に関しては、そこそこの腕を持っていました。何度か食べさせてもらいましたが、平均以上の点数は、間違いなくあげられると思いました。

開店した場所は駅から少し遠いところにあり、人通りはそれほど多くありません。でも、近くに住宅地があり、近隣に中華料理店はないので、少し頑張っていればそれなりにやっていけたはずです。

ただ、この経営者は大きな失敗をしてしまいます。

最初は、自分が得意な中華料理だけを出していました。そして、固定客も少しではあるけれども、つきつつありました。

しかし、客足に不安を覚えた経営者は、メニューをやたらと増やしてしまいました。親子丼やかつ丼のみならず、おでん、焼き鳥まで出すようになりました。メニューを増やしたせいで、今までやっていた中華料理の仕込みがおろそかになり、肝心の中華料理の味は、目に見えて落ちていきました。

しかも、コーヒーなどの喫茶店の飲み物のメニューも加わり、店の中にカラオケまで設置しました。営業時間もとことんまで伸び、午前11時から翌日の明け方まで店を開けていました。

その結果、せっかくつきかけていた固定客も離れ、駅前のスナックのホステスが仕事明けにちょっと立ち寄るくらいで、客はほとんどこなくなってしまったのです。

数ヵ月後、経営者は身体を壊し、資金も底をついたため、店をたたみました。

経営者は決算書なんて読めなくてもいい

最近は、「ビジネスマンたるもの、決算書くらい読めなければならない」というような風潮があります。書店にも、決算書に関する書籍が氾濫しています。

しかし、何百人もの経営者に会ってきた私の感覚からいうならば、決算書をきちんと読める経営者など、ほとんどいません。

決算書は、それを正確に読むためには、かなりの専門知識が必要となります。私はそのような専門知識をしっかり持っている経営者に、いまだお目にかかったことはありません。

しかしそれは、経営者が会計に関する知識を、まったくもっていないということではありません。すぐれた経営者というのは、会計において重要な数字を、きちんと押さえているのです。

会社の問題点というのは、複雑な計算をしなければ見えてこないものではありません。どんな大会社でも、倒産するときはとても単純な原因で倒産します。一度、倒産して立ち直った日本航空にしろ、だれが見てもわかるような原因（単純な赤字）で、経営が悪化したのです。

また逆に、儲かっている会社も、とても単純な理由で儲かっています。その会社が扱っている物やサービスが売れており、それに比べて経費があまりかかっていない、というだけのことです。「決算書の数値を複雑に分析して、儲かるスキームを作り上げた」などという例は聞いたことがありません。

決算書を読み解く技術や、会計に関する知識というのは、会社が儲かったあと、そのお金をどういうふうに割り振りするかを考えるときに使うものです。つまり、**決算書や会計の知識というものは、会社の最大の問題点である「儲かるかどうか」ということに、ほとんど関係がない**のです。

ですから、経営者には、会計に関する細かい知識など必要ないのです。

ではここで、経営者たちが最低限押さえている決算書の重要な数字を挙げましょう。

売上…これはもちろん、その事業で、売上がどのくらいあったかという数字です。
利益…これは、売上から原価、経費を差し引いたものです。
役員報酬…これは、経営者がどのくらい報酬をもらっているかという数字です。
現金預金…これは、会社に今、どのくらいの現金と預金があるかを示す数字です。

第2章以降を読んでもらえれば、この4つの数字がいかに重要かということが、逆にいえばこの4つの数字さえ押さえれば経営などいかようにもなる、ということがわかってもらえると思います。

第2章

「借金がうまい人」の資金調達

資金調達は経営のキモ

経営においてもっとも大事な問題、必ずクリアしなければいけない問題が資金調達です。

事業には必ず資金が必要です。

どんなにいいアイディアを持っていたとしても、それを事業化するためのお金がなければ、ただのアイディアで終わってしまいます。

インターネットでの事業など、最近は、少ない投資ではじめられる事業もあります。しかし、基本的には事業をはじめるには、それなりにお金がかかります。事業のためのお金を調達するには、大金持ちの息子でもない限り、相当の能力と労力が必要とされます。

普通の人は、このお金を調達しようと思ってもなかなかできません。それで結局、事業を起こすことを諦めてしまうのです。

事業を起こして成功した人というのは、このハードルをなんらかの方法で乗り越えるのです。

私が知っているある人は、サラリーマンをやりながら、アルバイトをしてコツコツと貯金をし、事業資金を作っていました。

またある人は、地元の企業経営者などにコネを作り、自分の事業を売り込み、投資者を募って事業資金としました。

また、資金が必要なのは、開業のときだけではありません。

事業を続けていく上で、どうしてもお金が足りなくなるときは必ずあります。事業が軌道に乗っても、不慮のできごとで資金繰りが悪化するということなど、ビジネスの世界では普通にあります。それをどう乗り切るかが、経営者としての手腕ともいえます。

資金を調達するときには、下手な経営理念などはいりません。そんなものは、むしろ邪魔です。

お金を借りればいいのです。**いかに賢くお金を借りるか**、ただそれに尽きます。

本当にお金がないとき、それを調達するのに必要なのは、確かな情報と根性だけです。体裁をつくろわない、がむしゃらさが必要なのです。

私の知っている会社に、こんな経営者がいました。

それは、ビルの清掃業をしているT社という会社です。T社は建設会社や不動産会社に取り入って、ビルの清掃という新しい事業をはじめたのです。知り合いの建設会社、不動産会社が新しいビルを建てるたびに、そのビルの清掃を請負うのです。

競争相手が少ないこともあって、T社は順調に成長してきました。ところがあるとき、最大の顧客である建設会社が倒産してしまいました。T社には、その建設会社に対する売掛金が１０００万円近く残っていました。

T社は、従業員が10人ほどの小さな会社です。１０００万円もの売掛金が焦げつけば、たちまち資金繰りは悪化します。手持ちの資金はすぐに底をつき、月末の支払いが滞りました。社長の子供の貯金まで全部吐き出しても、社員の給料が払えないような状態になりました。

社長はそのときどうしたか？

もちろん、銀行などはお金を貸してくれるわけがありません。

意を決した社長は、知り合いのガソリンスタンドに行きました。最後に残ったお金で車のガソリンを満タンにし、さらにポリタンクに買えるだけのガソリンを入れてもらいました。知り合いだったので、ガソリンはかなり安く売ってもらったのです。

そしてガソリンを満タンにした車で、東京から四国の実家に向かったのです。実家に着くと、近所の親戚を回ってお金を借りまくってきました。

もちろん、みんなが快く貸してくれたわけではありません。なかには、「たまに帰ってきたと思えば、金の無心か」と激こうする者もいました。それでも、頭を下げまくって、なんとか必要最低限のお金を得ることができました。

こんなことは、普通の人にはなかなかできるものではありません。**お金を借りるということは、お金を稼ぐことよりも難しい場合もあるのです。**

あなたも国から簡単にお金を借りられる

前項では、とてもハードな資金調達の例を挙げましたが、普通の人にはなかなかこういうことができるものではありません。

なので、もっと簡単に、賢くお金を借りて資金調達をしている会社をご紹介したいと思います。

私の知り合いで、フリーの編集者をしているK氏の話です。K氏は、20年近く出版社に勤務したあと、自分で編集プロダクションを立ち上げました。その際に、開業費用として700万円かかったそうです。そのうち、200万円は自分で用意し、500万円は金融機関から借り入れたとのことです。

企業としては、まだまったく実績のないK氏の編集プロダクションが、なぜ金融機関から借り入れることができたのか、私は不思議に思いました。

K氏によると、500万円全額を日本政策金融公庫という金融機関から借り入れたということでした。日本政策金融公庫というのは、政府が中小企業などの融資のために作っている金融機関です。

公的金融機関は、普通の人ではなかなか借りられないのではないか、銀行よりもお金を貸してくれないのではないか、と思われがちです。が、K氏によると、決してそうではないとのことです。

公的金融機関は、要件さえ満たしていて融資枠が残っているなら、簡単に融資してくれるのです。銀行のように、本当に返済能力があるのかどうかをじっくり検討したりはしません。

またK氏の編集プロダクションのように実績のない企業、景気の悪い企業でも、融資をしてくれることもあります。

そして、公的金融機関の最大のメリットは、利率が低いということです。だいたい、どの公的金融機関でも、銀行のもっとも安い利率よりもさらにずっと安い利率で融資してくれます。

お金を調達しようと思ったら、まずはとにかく公的金融機関の門をたたくべきです。

公的金融機関のデメリットは、融資がおりるまで時間がかかるということです。彼らはお役人と同じなので、仕事がとても遅いのです。だから、急を要しているときにはあまり向きません。急を要しているときは、とりあえずビジネスローンなどで借りてつないでおいて、公的金融機関に融資の申請をするというやり方もアリでしょう。

融資の申請は、普通の人でも簡単にできます。しかも、中小企業や独立開業者にお金を貸してくれる公的金融機関は、けっこうあるものなのです。

おさらいしましょう。

資金を調達するときは、まず公的機関の門をたたくこと、申請は普通の人でも簡単にできる、ということです。

政府系金融機関は、銀行より簡単にお金を貸してくれる

中小企業にお金を貸してくれる公的金融機関の代表的なものは、先ほどの編集プロダクションの社長の話で出てきた日本政策金融公庫です。

日本政策金融公庫は、平成20年に、それまであった国民生活金融公庫、中小企業金融公庫などが合併してできたものです。

日本政策金融公庫は、銀行よりもお金を借りやすいとされています。

それは、会社の業績、財政状態が良くなくても、銀行のようにそれだけではねられることがないからです。また、会社の規模や、年数にかかわらず貸してくれるということです。

融資限度額は4800万円（特定の設備資金融資の場合は7200万円）もあります。一般的な中小企業にとっては十分といえるでしょう。

また日本政策金融公庫は、小口資金の貸し付けも積極的に行っています。日本政策金融公庫から融資を受けている会社の、標準的な借入額は300～500万円です。なので、運転資金などでぜひ上手に活用したいものです。

日本政策金融公庫は、連帯保証人か担保が必要ですが、少額の場合は連帯保証人だけで大丈夫です。

金利は、平成25年4月1日現在で1・35〜3・25%と、銀行よりもかなり安いのです。

連帯保証人の資力は、少額であればそれほど要求されません。ある程度の年収がある人なら、OKです。

また、一定の要件を満たしていれば、担保も連帯保証人もなしで貸してくれます。これは「経営改善貸付（マル経融資）」と「新創業融資制度」という制度です。

日本政策金融公庫は、開業のための資金も貸してくれます。ただし、開業資金の3

借入申込のために必要な書類

普通の融資の場合

①借入申込書
②最新2期分の確定申告書・決算書
③試算表（決算後6ヵ月以上経過している場合）
④見積書（設備資金を申し込む場合）
⑤法人の登記簿謄本
⑥不動産の登記簿謄本

開業資金の場合

①借入申込書
②創業計画書（公庫所定の様式がある）
③見積書（設備資金を申し込む場合）
④法人の登記簿謄本
⑤不動産の登記簿謄本（不動産担保の場合）

分の1以上は自己資金を用意するのが原則とされていますのでご注意ください。

借入申込のために必要となる書類は前ページの表のとおりです。

信用保証協会は使いやすい

簡単に使える公的機関としてもう1つおすすめなのが、信用保証協会です。**信用保証協会というのは、中小企業が金融機関から融資してもらうときに、その保証をしてくれる団体**です。担保力や信用力が不足している中小企業のために作られたものです。

各都道府県を単位として、52の団体があります。

信用保証協会の役割は、中小企業の融資においてその保証人となり、もし返済できないときには債務を負うというものです。

銀行というものは、信用のない中小企業にはなかなかお金を貸してくれません。なので、信用保証協会が「うちが保証するから、お金を貸してやってくれよ」といって、銀行の融資を促すわけです。

もちろん、信用保証協会が保証するのだから、銀行は喜んでお金を貸します。**だか**

ら、信用保証協会の保証を受けられれば、融資を受けたも同然となるのです。

ただし、信用保証協会の保証を受けるには、1～2％の保証料を払わなければなりません。

信用保証協会が保証する資金の使途は、運転資金と設備資金です。保証期間は原則10年以内です。また、不動産担保を提供すれば、15年以内の長期融資が受けられます。

中小企業者に対する保証付融資の最高限度額は、原則2億8千万円です。が、都道府県によっては、若干違ってきます。

連帯保証人、担保を要求されることもありますが、会社の場合、経営者以外の者を連帯保証人として要求されることはありません。つまり、経営者が連帯保証人になれば十分ということです。

いざというときのセーフティネット保証（緊急保証制度）とは？

信用保証協会は、普通の融資保証のほかに、**セーフティネット保証**というものをやっています。

セーフティネット保証とは、**取引先が倒産したり、災害を受けたり、取引銀行が破たんしたりなどの緊急事態が発生して、資金繰りが行き詰まったときに受けられる保証**のことです。

一般保証とは別枠で無担保保証8000万円、担保がある場合にはさらに2億円まで保証を受けられます。

主な対象会社は次のとおりです。

・民事再生手続開始を行った大型倒産事業者に対し、50万円以上売掛金などがある会社、50万円未満でも大型倒産事業者との取引が、全体の20％以上である会社
・今年度直近3ヵ月の売上が昨年度同時期の3ヵ月間よりも、10％以上減少している会社
・銀行から貸しはがしにあい、銀行借入額が昨年に比べて10％以上、下がった会社
・災害や事故で、業績が20％以上悪化した会社

このセーフティネット保証を利用する場合は、事業所所在地の市区町村の認定を受け

なければなりません。詳しくは、最寄りの金融機関・信用保証協会・市区町村におたずねください。

いざというときの貸付を行う公的金融機関

会社の資金繰りで緊急事態が起きたとき、信用保証協会のみならず、公的金融機関でも融資を行っています。

これは**セーフティネット貸付**といわれるもので、**日本政策金融公庫**と**商工中金**が行っている融資です。融資の限度額は4800万円で、使用目的としては運転資金、設備資金のどちらでも大丈夫です。利率は、長期固定でだいたい2～3％の低金利です。

昨今、急に業績が悪化し、資金繰りが悪くなったような会社は、日本政策金融公庫、商工中金に問い合わせてみましょう。

売掛金、事業資産を担保に銀行からお金を借りられる

銀行が、不動産や有価証券などの担保があれば、比較的簡単にお金を貸してくれることは、皆さんご存知だとは思います。なので、

「俺は不動産や有価証券などを持っていないから、お金は借りられない」

と思っている方も多いでしょう。

そんな経営者の方に朗報があります。

昨今、**金融機関では不動産だけではなく、売掛金や事業資産などを担保にして融資**をする、ということが行われています。

これは、**ABL**といわれるものです。

これまで、会社が持っている原材料・仕掛品・商品等の在庫や、機械設備・売掛金等の債権などは担保として扱われてきませんでした。でも、これらの資産には金銭的な価値があるので、うまく使えば担保になるはずです。これを担保にしてお金を貸すことができれば、金融機関も会社も助かります。というのも、銀行にとっては新たな貸付先の確保になりますし、会社のほうも、不動産がなくてもお金が借りられるのです。

ということで、事業資産などを担保にした融資がアメリカなどで広がりはじめ、最近、日本でも経済産業省が音頭をとって、積極的に普及に努めています。

政府系金融機関や民間銀行も、このABLを活用しようとしています。

売掛金が非常に多い業界、在庫をたくさん抱えなければならない業界などは、この制度は使い勝手があると思われます。該当する経営者は、金融機関で一度相談してみるといいでしょう。

あなたの会社も社債を発行できる

企業が資金を調達する方法には、増資や金融機関からの借り入れのほかに、社債の発行という手があります。

「社債なんて、大企業が発行するものでしょう?」

と思ったあなた、早合点はいけません。

中小企業でも社債を発行することはできるのです。

これまで、社債を発行できる会社は株式会社だけでしたが、平成18年の新会社法施行で、株式会社だけではなく、合名会社・合資会社・合同会社でも社債が発行できるようになりました。なので、中小企業でも、気軽に社債を発行できるようになったのです。

ただし社債といっても、少人数にしか告知できない「少人数私募債」にしないと、いろいろと面倒です。少人数私募債というのは、少人数の投資家を集めて、社債を購入してもらうという制度です。

普通の社債を発行しようとすると、公認会計士の作成した有価証券報告書などを作成しなければならないのですが、少人数私募債ならば、その必要はありません。

少人数私募債は、49人以下しか勧誘できません。社債を購入してくれる人が49人以下ではなく、勧誘する相手が49人以下です。たとえば、100人に声をかけて49人が購入してくれた場合、少人数私募債とは認められません。

また、もちろん、証券会社などが扱ってくれることはありません。

あくまで、知人などに販売する社債です。ありていにいえば、知人から借金するのと同じことですが、ただ借金するのと社債を販売するのとでは、かなりニュアンスが違ってきます。お金を貸すほうも、ただ「お金を貸してくれ」といわれるのと、「社債を買って欲しい」といわれるのとでは、気分も違ってきますでしょう。ただお金を貸してくれというだけなら、かなり金策に詰まった感がありますが、社債といわれれば、ちゃんと計画的に資金調達をしているような印象がありますからね。

この少人数私募債は、利息も償還方法も、会社自身で決めることができます。上手な借金の方法として、覚えておいて損はないと思われます。

社内銀行を作って社員から資金を調達する

お金を借りる相手としては、社員もアリです。

社員の中には、贅沢もしない、遊びもしない、貯金が趣味というような人もときどきいます。資金繰りが悪いとき、こういう社員にお金を借りたいなあ、と思ったことはありませんか?

映画『男はつらいよ』に出てくる、さくらの旦那さん、彼は印刷会社の社員でしたが、タコ社長が資金繰りに行き詰まったときに、お金を貸してあげたことがあります。まあ、『男はつらいよ』の印刷会社のように家庭的な雰囲気があって、社長が社員に泣きつける環境ならばいいですが、昨今の世の中、なかなかそうはいきません。ですが、社員から自然にお金を借りる方法もあります。

それは、**社員から預金としてお金を集める方法**です。

「お金が余っているんだったら、会社に預けなさい。銀行よりも高い利子をつけて返すから」

そういって、常日頃から社員のお金を預かっておくのです。そのお金を、運転資金に使わせてもらう、というわけです。

銀行の利子は現在、定期預金でも年間1%もつきませんから、2%の利子をつけてあげれば、社員にとってはとてもありがたいはずです。また会社にとっても、たったの2%の利子で資金を借りられるわけですから、両者ともに得な話なわけです。

この社内預金には、難点が2つあります。

1つは、会社がお金を必要とするときに、社員がお金を引き出したいといってくる可能性があることです。この問題は、定期預金のようにして、半年とか1年とかの期限を預金に設ければ解消できるでしょう。

それともう1つの問題は、銀行業は許可なく営むことはできませんので、あくまで社員が会社にお金を貸してくれたという建前にしておかなければならない、ということです。会社が人からお金を借りるだけならば、どこにでもある話なので大丈夫なのです。

銀行はお金を貸したがっている

銀行というところは身勝手なものです。景気がいいときにはどんどん借りてくれといいます。しかし、景気が悪くなれば、とたんに貸してくれなくなります。こんな「現金」な人たちは他にいないといえるでしょう。

こんな現金な人々というのは得てして、「物事の表面しか見ない」という性質があります。銀行員というのも、こういう性質を持っています。

もってまわったいい方をしましたが、ありていにいえば、適当に申告書をつくろえば、銀行はけっこうお金を貸してくれるものなのです。

決算書というものは〝化粧〟ができるものです。そして化粧をすれば、決算書は見ちがえるほどきれいになるのです。つまり、**決算書を黒字にすれば、銀行はお金を貸してくれやすくなる**のです。

銀行というのは、お金を貸すのが仕事です。お金を貸して利息を取らないと、商売が成り立ちません。だから本来は、お金を貸したいのです。

銀行は一定の要件を満たしていれば、お金を貸してくれるものなのです。

もう1つ、**銀行からお金を借りやすくする方法として、会社の業績がいいときにお金を借りておく**というものがあります。

業績がいいときに、必要がなくてもお金を借りておいて、返済の実績を作っておくのです。業績が悪くなり、資金繰りが行き詰まってはじめてお金を借りようと思っても、銀行はなかなか貸してくれません。いくら決算書が黒字であっても、資金繰りが悪いのを見透かされてしまう可能性もあります。

しかし業績がいいときは、自信を持って銀行に接することができますし、何を調べられても平気です。だから業績がいいときに、銀行の信用を得ておくというのは、1つの手です。

また、**地方銀行や信用金庫・信用組合はお金を借りやすい**といえます。大手の銀行はなかなか中小企業を相手にしてくれませんが、地方銀行や信用金庫・信用組合は、中小企業が重要な顧客ですからね。

さらに、銀行からお金を借りやすくするもう1つの方法に、**預金や生活口座などをそ**

の銀行で開いておくという手があります。銀行としても、日ごろから利用してくれる人は優遇したいという気持ちがあるでしょうし、生活口座の入出金の額が大きければ、それだけ所得があるということであり、信用にもなります。

申告書を化粧する方法① 架空売上

決算書を取りつくろえば、銀行からお金を借りやすくなるということを述べましたが、銀行に限らず、公的金融機関から融資を受けるときも、決算書の見栄えはいいに越したことはありません。

そこで、これから決算書を化粧して、実質的には赤字なのに数字上は黒字にする方法を紹介したいと思います。

申告書を化粧する方法には、合法的なものと非合法なものがあります。非合法なものは、いわゆる粉飾決算です。筆者は、決して非合法な方法を推奨しているわけではありません。あくまで巷の企業が行っている方法の例として、ここに挙げておきます。

同時に、銀行に化粧が発覚する度合いを示した「発覚率」も載せておきますので、ぜひ参考にしてください。

まず、**決算書の化粧でもっとも多いのが売上の水増し（架空売上）**です。

これは、違法行為であり、粉飾決算ですね。

売れてもいないのに、売れているように帳簿を偽造するのです。実存する取引先を使う場合もありますし、架空の取引先を使う場合もあります。

架空の売上を立てる粉飾決算は、外部の人間にはなかなかそれが虚偽だということはわかりません。決算書を見ただけでは、売上が事実か偽造かは判別できないからです。なので、銀行にはバレにくい粉飾決算だといえます。

しかし、**架空の売上を立てる粉飾決算をすると、そこに売掛金が膨らむ**という異常が生じます。

売掛金というのは、客に商品やサービスなどを販売したあと、まだ代金を回収していないもののことです。

「架空の売上」を計上した場合、当然、その代金は回収できません。「架空の売上」は、売掛金として残ってしまうのです。だから粉飾決算をしている会社は、売掛金が異常に多くなるのです。

本当は赤字なのに黒字に見せかける手法例

手法	発覚度	内容
架空売上	★★	架空の売上を計上すること。決算書を見ただけではわからないが、売掛金が膨れ上がるなどの不自然な点が生じる。
在庫水増	★★	在庫を水増しすること。決算書を見ただけではわからないが、急に利益率が上がるなどの不自然な点が生じる。
役員報酬の減額	★★★★★	役員報酬を低く抑えること。決算書を見るだけで、だれでもわかる。
経費の未計上	★	経費を計上せず、社長などが自分の金で払うこと。決算書を見ただけではわからず、帳簿上の不自然な点はあまり生じないが、社長の経済状態が苦しくなる。
減価償却費の未計上	★★★★	減価償却費を計上しないこと。法人税法では違法ではないため、中小企業では広く行われている。決算書の詳細を見れば、だれでもわかる。

粉飾決算をしているかいないかにかかわらず、売掛金が異常に増えている状態というのは、会社にとってあまりいい状態ではありません。「売上はあるのだけれど代金が回収されていない」という取引が多い、ということだからです。

商売というのは、代金が回収されてはじめて成り立つものです。代金未回収が多いということは、まだ商売として完結していない部分がかなりある、ということです。

商売の中でもっとも大変なのが、「代金の回収」でもあります。これができないばかりに失敗する企業はいくらもあります。売上は堅調でも、売掛金が焦げ付き、黒字倒産などということもけっこうあるのです。

申告書を化粧する方法② 在庫水増

続いて紹介する申告書の化粧方法は、**在庫数量を水増しして計上する**、というものです。この方法は違法ですので、粉飾決算になります。

在庫数量というのは、いろんな意味で、企業にとって「誤魔化しやすいもの」です。

在庫品の数量を誤魔化すことは、脱税とともに粉飾決算でもよく使われる方法です。

在庫の数を誤魔化すことで、なぜ脱税や粉飾決算ができるのか？

簡単にいえば、次のようなことです。

会社の決算・損益計算書というのは、基本的に次の式で算出されます。

「売上－経費＋在庫＝利益」

この式で見ればわかるように、**在庫の量を増やせば利益を増やすことができ、減らせば利益を小さくすることができる**のです。

だから、在庫の量をわざと少なく計上して脱税をしたり、在庫の量をわざと多く計上して粉飾決算をしたりするのです。

在庫の数量を誤魔化すというのは、比較的簡単にできます。

売上を誤魔化したり経費を誤魔化す場合は、相手のあることなので、つじつまを合わせるのが大変です。

しかし在庫数量の誤魔化しは、社内だけで完結するものです。だから、非常に簡単にできる粉飾決算でもあります。

在庫数量というのは、在庫表を見ても、それが真実の数量かどうかは判別できません。なので、銀行は気づきにくい粉飾決算でもあります。

また在庫数量を水増しするのとは逆に、わざと在庫数量を少なく申告すれば、利益を少なくすることができる、つまりは脱税ができるのです。在庫の量をわざと少なく申告する脱税方法は、「たな卸し除外」といって、脱税のもっともオーソドックスな手口です。

申告書を化粧する方法③　役員報酬の減額

役員報酬を削るというのも、申告書を化粧する方法の1つです。

簡単にいえば、**役員報酬を下げて黒字を出す**というものです。

赤字になりそうならば役員報酬を下げるというのは、企業として合理的なことだともいえます。なので、多くの企業でこの方法を使っています。

しかし、銀行に見せる上ではあまりよい方法ではありません。

役員報酬を下げたかどうかは、決算書を見ると一目瞭然でわかることなので、銀行からは、「この会社は景気が悪いから、役員報酬を下げたのだな」と思われてしまいます。

なので、「銀行に見せるために数字上、黒字にする決算書」には、この方法はあまり使わないほうがよいでしょう。

申告書を化粧する方法④　経費の未計上

この方法は、簡単にいえば、本来は会社の経費として計上すべきものを計上しないで済ませる、ということです。

つまり、経費を**経営者のポケットマネーで払ってしまう**ということです。

これは厳密にいうと違法ですが、経営者が勝手に払ってしまったものは、外部からはわかりません。また本来は会社の経費に当たるものを、経営者や社員が自腹を切るということはよくある話です。接待交際費などもそうです。

本来は接待交際費として計上すべきものを、社員が自腹を切ったからといって、罰せられた例は上場企業の場合も含めてありません。

なので、この方法は厳密にいえば粉飾決算ですが、粉飾決算として罰せられることはまずないといえます。

この方法は、銀行から見つかることはほとんどありません。これまで会社の経費で落としていたものを、経営者が自分のポケットマネーで払うようになっても、決算書上は経費が削減されたようにしか映りません。よって、銀行に見せる決算書を作るならば、この方法がいいということです。

役員報酬を下げるより、会社の経費を経営者がポケットマネーで払うほうが、銀行の心証はいいといえるのです。

申告書を化粧する方法⑤　減価償却費の未計上

決算書を無理矢理黒字にする方法には、減価償却費を使うというものもあります。

減価償却費というのは、固定資産（建物・機械・車など）を購入したとき、それを買った年に全額を費用として計上するのではなく、その固定資産が使える期間（耐用年数）で按分して費用として計上するというものです。

たとえば、３００万円の車を買った場合、車の耐用年数は6年なので、費用を6で割って、1年間50万円を経費として計上します。6年経てば、全額が経費として計上できるというわけです。

問題なく儲かっている会社なら、固定資産として買ったものは早く経費で落としたいものです。経費をたくさん計上すれば、それだけ利益を減らすことができ、税金を減らせるからです。

しかし、儲かっていないけれど決算書を黒字にしたい会社は、減価償却費をなるべく計上したくありません。

そんなときには、**減価償却費を計上しないで黒字にする**という手があるのです。

たとえば先ほどの例で見ると、1年間50万円の減価償却費をまったく計上しなければ、50万円の経費が消せるわけです。つまり、赤字額を50万円減らせるということです。

減価償却費の増減というのは、実際にお金のやりとりがあるわけではありません。会社内部の経理処理だけで完結してしまいます。**会社としては、業績をよく見せるためには減価償却費をいじることがもっとも手っ取り早い方法**なのです。

というのは、もしてっとり早く売上を粉飾しようと思えば、架空の売上を立てるか、取引先への売上を水増ししなければなりません。そうなると、自社だけではなくて外部の取引先をも巻き込んで操作をしなければならなくなります。

しかし、減価償却費の未計上というのは会社内の数値をいじるだけなので、簡単で確実にできるのです。なので、減価償却費の未計上は、巷の企業の間で広く行われている粉飾の方法です。

しかし、減価償却費の計上をきちんと行っていない決算書に、銀行はすぐに気付きます。だから、銀行向けの粉飾ではないということです。

減価償却とは

減価償却という言葉が出てきましたが、会計初心者の方にとって減価償却という言葉は、ちょっと難しいかと思います。本書でもこの言葉はこれから何度か登場するので、ここで若干、説明しておきたいと思います。すでにご存じの方は読み飛ばしてください。

減価償却の方法には、**定額法と定率法**というものがあります。

定額法というのは、毎年同じ金額を減価償却していく、というものです。そして耐用年数がきたときに、ちょうどその資産が価額に達するようになっています。

たとえば、耐用年数が10年で1000万円のものを買った場合、1年間に100万円ずつ減価償却していきます。そうすれば、10年で取得した価格を全部、減価償却できるというわけです。

実際には、耐用年数が過ぎても残存価額というものを残さなければなりません。これは、耐用年数が過ぎたからといって、資産の価値がまったくなくなるわけではないので、取得価額の5％は帳簿に残しておくのです。だから先の例で述べますと、1000万円の5％、50万円は帳簿に残すことになります。そのため減価償却できる額というのは、最大で950万円ということになります。

定率法というのは、毎年固定資産の残存価額に同じ割合をかけて算出するという方法です。

耐用年数によって償却率というのが定められています。耐用年数10年までの償却率はP・69の表のようになっています。

もし耐用年数10年のものを1000万円で買った場合、1年目の減価償却費は次のような計算式で算出されます。

1年目の減価償却費　1000万円×0．25＝250万円

2年目の計算は、1000万円から1年目の減価償却費250万円を引いた額750万円に、また償却率をかけて算出します。

2年目の減価償却費　750万円×0．25＝187万5000円

3年目以降も2年目と同じように、取得価額1000万円から今まで減価償却した額を引いて、償却率をかけた額が減価償却費となります。これを毎年続けて、残存価額が取得価額の5％になるまで減価償却をするのです（10年目に残存価額が5％になります）。

定額法にするか定率法にするかは、会社が自由に選択することができますが、あらかじめ税務署に選択の届けを出さなければなりません。届けを出していない場合は、定額法で償却をしなければなりません。

ちなみに個人事業の場合は必ず減価償却をしなければなりませんが、会社の場合は、

望まなければしないでも構いません。

減価償却ができるのにしなければ、決算上は利益が大きくなります。だから、赤字になったら困るような会社は、わざと減価償却をしないようなこともあるのです。

景気のよくない会社を見分けるもっともオーソドックスな方法が、減価償却をきちんと計上しているかをチェックする、というものです。

減価償却資産がたくさんあるのに、減価償却費があまり計上されていない会社は、景気が悪い、という可能性が高いのです。

減価償却率

耐用年数	定額法	定率法
2年	0.500	1.000
3年	0.334	0.833
4年	0.250	0.625
5年	0.200	0.500
6年	0.167	0.417
7年	0.143	0.357
8年	0.125	0.313
9年	0.112	0.278
10年	0.100	0.250

第3章

税金ほどバカバカしい支出はない

日本の会社の7割は赤字

皆さんは、赤字会社という言葉にどんなイメージを持ちますか。

おそらく、赤字会社は損をしている会社、という印象を持っている方がほとんどではないでしょうか。

確かに、「赤字会社は利益が出ていない会社」ということはできます。

しかし、実はそれだけではありません。**赤字会社でも、本当は儲かっている会社もたくさんある**のです。

なぜそんなことになっているかというと、そこには会計のマジックがあるからです。

会社は、会計処理の方法によって、本当は儲かっているのに赤字にする場合もあります。

「なぜ、儲かっているのに、わざと赤字にする必要があるのか？」

と疑問に思われた方も多いでしょう。そこには、経営に関する、綺麗ごとではすまされない事情があります。

一番大きな目的は、**税金を安くする**ことです。決算が赤字になっていれば、法人税・

法人住民税などは、非常に安くてすみます。

法人税や法人住民税というのは、会社の利益のだいたい4割を持っていきます。なので、会社は利益を出しても、その半分近くが税金に取られるのです。

事業において、売上を上げることと同じくらい大事なのが、経費を削減することです。売上が上がらなくても、経費を削減することができれば、その分だけ利益が増えます。

そして、経費の中でもっとも無駄なものというのは、税金だといえます。税金は、見返りがほとんど期待できない費用です。経団連などは、政党への献金はするけれど、法人税は下げろといっています。これはつまり、税金よりも献金のほうが見返りが大きい、ということを意味しているのです。

なので、**税金を削減するために、わざと赤字にしている会社もある**のです。

もちろん赤字にすれば、世間的にはあまり印象がよくありません。しかし、上場していない企業や、銀行からお金を借りる必要がない企業は、赤字になってもあまり関係がありません。だから、利益を出さないようにするのです。

日本の会社の7割は赤字です。しかしこれは、実はおかしなことです。赤字ということは、事業をやっても損しかしないということです。だから本来なら、赤字が続けば会社はやっていけないはずです。でも、赤字を10年も続けている会社もあります。なぜそんなことになっているかというと、つまりは、その赤字会社は、本当は儲かっているということです。

大事なのは「自由に使えるお金」

会社を経営する上において、もっとも大事な数字とはなんだと思います?

売上?

まったく違います。売上が上がっていても、本当は儲かっていない会社などは腐るほどあります。

利益?

これも違います。

いや、上場しているような大企業にとっては、利益を上げることが、株主の心証をよくしたり、株価が上昇したりすることにつながりますので、これが一番大事な数字かも知れません。

でも中小企業にとっては、利益を上げたって税金で取られるばかりです。

経営においてもっとも大事な数字は、**「自由に使えるお金が今いくらあるか？」**ということです。会社を経営していると、いつなんどきお金が必要になるかわかりません。だから経営者にとって、今、自由に使えるお金の額は、絶対に把握しておかなければならない数字でもあります。

またそれは、会社を経営していく上で、もっとも増やしていかなければならない数字でもあります。利益を増やすよりも、ずっと大事なことなのです。

たとえば、帳簿上では1000万円の利益が出ている会社があったとします。しかし、この1000万円からは、4割が税金として取られてしまいます。だから実際には、600万円しか儲かっていないのです。

しかも、この儲けのほとんどが売掛金だったとします。つまり、取引は成立しているけれど、まだ売上金が回収できていないのです。となると、この1000万円の利益の中には、経営者が自由に使えるお金はほとんどない、ということになります。

一方で、利益が出ていないのに、経営者が自由に使えるお金がふんだんにある会社もあります。たとえば、毎年赤字になっている会社があったとします。この会社は儲かっていないから赤字になっているのではなく、会社の経費をたくさん計上しているから赤字になっているのです。

しかも、経費に中には、経営者や経営者の家族に払っている報酬、福利厚生費、接待交際費なども含まれます。これらは事実上、経営者が「自由に使えるお金」でもあります。

"赤字"なのに儲かっている会社

たとえば、私が税務調査をした会社に、次のようなところがありました。

水道工事を営んでいるO社です。O社は、典型的な家族企業です。売上は、年間3000万円程ありました。

実質的には、年間1000万円以上の利益があると思われます。しかし、決算書の上では、毎年、数十万円の赤字になっています。

赤字の最大の要因は、家族5人が、この会社で社員として働いていることでした。家

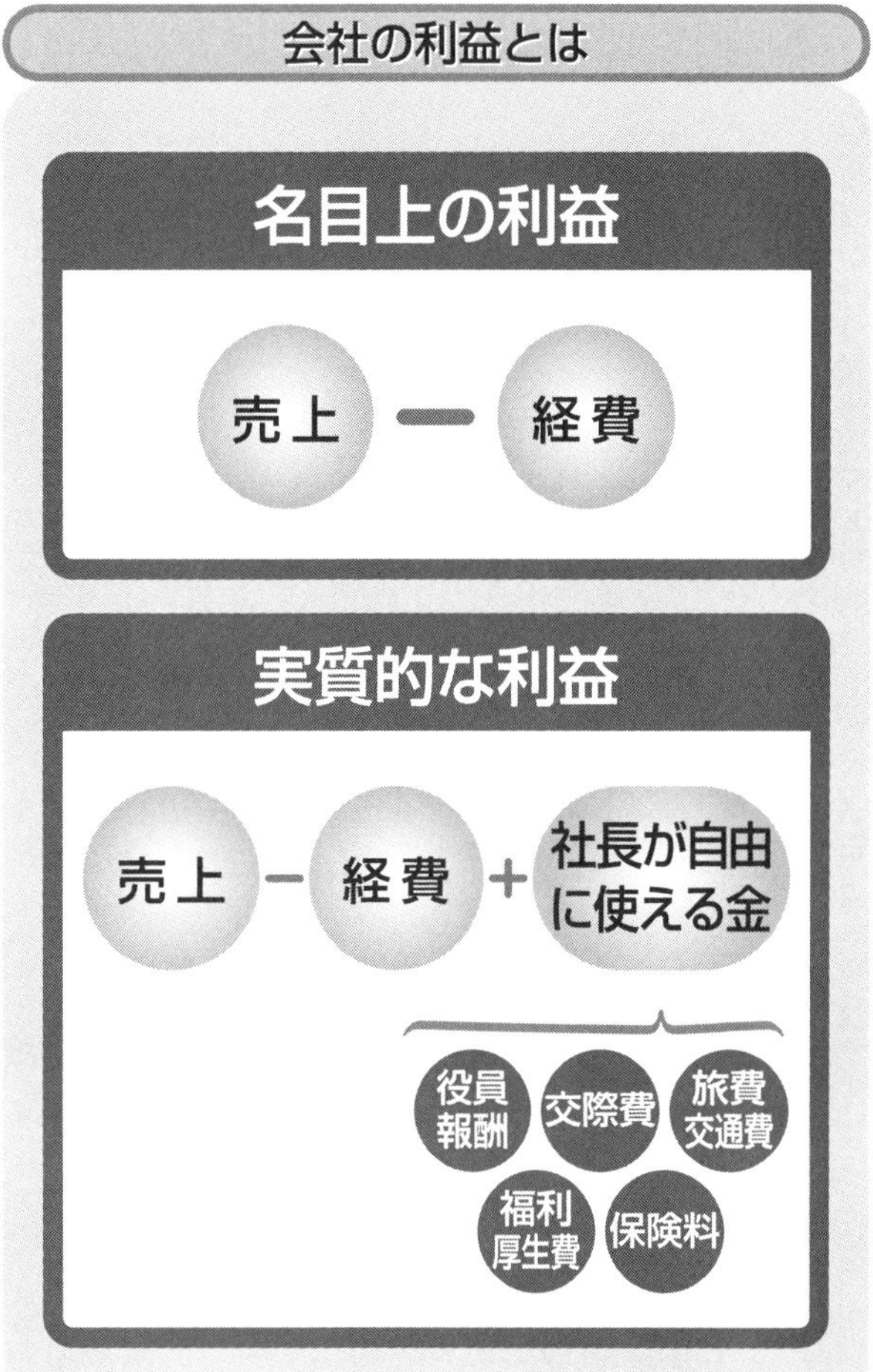
会社の利益とは
名目上の利益
売上
－
経費
実質的な利益
売上
－
経費
＋
社長が自由に使える金
役員報酬
交際費
旅費交通費
福利厚生費
保険料

族5人の人件費で、年間2000万円以上が費やされていました。でも、O社はとても小さな会社であり、本来は5人も働くような会社ではありません。それでも、5人を社員にすることにより人件費を多く計上し、利益を少なくしているのです。

またO社は、小さい会社ながら福利厚生も充実しており、社員全員（みな家族）がスポーツジムの会員になっていました。この会費はもちろん会社から出ています。さらに交際費もしっかり使っています。

それやこれやで、赤字になっていたのです。

O社は、公共事業をしているわけではないので、税金を払う必要はありません。また、銀行からお金を借りなければならないわけでもないので、黒字にする必要もないのです。

赤字会社には、さらなる特典があります。

赤字会社には、税務署の目も厳しくありません。税務署は税金を取るのが仕事なので、必然的に儲かっている会社、黒字が出ている会社を中心に調査します。

なので、赤字会社は見過ごされるケースが多いのです。

実際、**税務署が行う税務調査の対象は、ほとんどが黒字会社**です。

O社も、創業以来20年が経っていますが、私が行ったときがはじめての税務調査でした。それも法人税ではなく、消費税の税務調査だったのです。つまり、O社では法人税の調査はまだ一度も受けたことがなかったのです。

でも創業以来、20年も赤字が続いていながら潰れていないということは、実質的には、ずっと黒字が続いていたということです。

利益は出しすぎないのが重要

私の知っているある出版社の話です。

その出版社は、長いこと儲からない時代が続きました。しかし、5年程前、スマッシュヒットを連発し、急に景気が良くなりました。

出版業は、当たり外れが大きい業種です。単行本が一発当たれば、莫大な利益が生じます。しかし当たらなければ、全然、お金が入ってきません。

その会社は、長いこと不遇の時代が続いていましたので、税金のことなどまったく考えなくてよかったのです。

ところがスマッシュヒットを連発したため、その年は、非常に大きな利益が出ました。その会社は、これまで税金対策などしたことがありません。その年も、大きな利益が出ているにもかかわらず、まったく税金のことを考えていませんでした。

だから、その会社の社長は、税金を申告する時期になって仰天しました。

それまでほとんど税金を払ったことがなかったのに、その年は、1000万円近い税金を払わなければならないのです。1000万円というと、その会社の資本金と同じです。つまり、資本金と同じ金額の税金を払わなければならない、というのです。

こういうことは、よくある話です。

社長は、なんとか税金を減らせないものかと考えましたが、無理でした。結局、1000万円の税金を払いました。社長は、非常に落胆していました。

せっかく儲かっても、税金で利益の3割近くが取られてしまいます。企業経営としては、一番バカバカしいことです。

これまで利益を出すことに四苦八苦して、やっと利益が出たと思えば、その大事な大事な利益の多くが税金に取られてしまうのです。

だから、企業経営者としては、利益を出すことも大事ですが、その先のことも常に考えていなければなりません。

思った以上に利益を出すことは、企業経営者としては避けるべきなのです。自分が想定している以上の税金は、払うべきではありません。というのも、税金というのは費用対効果がまったく認められない支出なんです。

税金は社会のために役に立っているから、回り回って自分のためになっていると思われている方もいるかもしれませんが、それは大きな勘違いです。

税金のほとんどは、一部の人間がいいように使っていて、本当に社会のために使われているのはほんの少しです。買い物をしているときに消費税を払っていれば、それで国民としての義務は十分果たしているといっていいでしょう。

それ以上の税金を払うことは〝お金の無駄〟以外の何物でもありません。

たくさん税金を払うということは、お金をドブに捨てるよりも悪いことです。たくさん税金を払えば、政治家や役人がつけ上がり、ますます、国の仕事がいい加減になるのです。

「でも利益調整や節税なんて、そう簡単にはできない」

こう思っている経営者の方も多いでしょう。

どうやって利益を調整すればいいのか、税金を払わないようにすればいいのか、次項以下で説明していきましょう。

決算賞与は格好の利益調整弁

先ほどの出版社を例にして、税金の話を続けます。

その出版社がもっとも痛かったのは、「その年の税金が高い」ということに、決算期が終わってから気がついたことです。

税金は、通常、決算期がきたときには確定してしまっています。

なので、**節税をするならば、どんなに遅くとも決算期までにしなければならない**のです。決算期を過ぎたあとでも、「貸倒引当金の設定」など節税方法はあるにはありますが、大半の節税策は使用不可能になります。

だから、なんとしても決算期がくる前に動き出すことが大事です。

その出版社の場合は、それまで税金を払っていなかったので、税金のことが意識からすっぽり抜け落ちていました。だから、決算期がくるまで税金のことに気づかなかったのです。

そういうことがないように、大きな利益が出れば、それに相応する大きな税金を払わなければならないことを、常に念頭に置いておきましょう。

そして、思った以上に利益が出て、このままではたくさん税金がかかってしまうということに決算期の直前に気づいた場合には、最悪でも**「決算賞与」**で逃れましょう。

決算賞与というのは、利益が出た場合に、それを社員に賞与として分配するものです。極端な話、決算賞与で利益を全部吐き出せば、会社の税金（利益にかかるもの）はゼロにできるのです。

大手企業ではだいたいどこも実施しているようですが、これは**小規模な会社にこそ、効果的な方法**だといえます。

決算賞与を出すとなると、経営者としては〝もったいない〟という気持ちになることもあるでしょう。でも**「次のボーナスの先払い」ということを社員にいい含めておけば、ボーナスの前払いということにもできます。**次の年の業績が悪ければ、翌年のボーナスの額を減らせばいいので、かっこうの利益調整方法といえるのです。

また、**決算月をボーナス月にするのも1つの方法**です。

そうすれば、税金対策を兼ねてボーナスの支払いができるようになるからです。ボーナス月の変更は、社員の承諾があればできるので、社員にもちかけてみてください。

どうせ高い税金を払うのならば、社員にボーナスを出して、社員のやる気を出させるほうが、費用対効果として有益だといえるでしょう。ほかに節税策がない場合には、思い切って社員に利益を分配したほうがいいかも知れません。

またこういうときのためにも、身内を社員にしておくべきです。原則として役員にはボーナスは払えませんので、会社の利益を身内に還元したければ、身内を社員にしておかなくてはならないのです。

「決算賞与を出したいけど、決算月は資金繰りがつかない」

こんな悩みを抱えている会社もあるでしょう。

そんな場合は、**決算賞与の時期を1ヵ月ずらすことも可能**です。

決算賞与は、必ずしもそのときに払う必要はなく、未払い賞与として処理することも可能なのです。未払い賞与というのは、「払うことは決まっているのだけれど、まだ払っていない賞与」のことです。つまり、賞与を払っていなくても、それを費用として計上できるのです。

ただし、その場合は、次の３つの要件を満たさなければなりません。

1. 決算期日までに、支給額を支給される各人に通知していること
2. 決算期日の翌日から1ヵ月以内に支払っていること
3. 通知をした事業年度に経費処理をしていること

つまりは、社員に「決算賞与がありますよ、いくら払いますよ」ということを決算期までに通知して、1ヵ月以内に払わなければならないということです。決算月はなにかとモノ入りなので、この制度もうまく使いたいものです。

税金を自由自在に操る経営者

せっかく長年苦労してやっと利益が出たのに、税金でがっぽりもっていかれた出版社の話をしましたが、逆に税金にやたら強い人というのも、経営者には多いです。

それはそうでしょう。自分で苦労して稼いだお金ですから、1円でも無駄にはしたく

ないものです。必然、税金には強くなるというものです。

その中でも、税務署員でも舌をまくような、超絶スキルを持っていた経営者をここでご紹介しましょう。

寺社などの修理を請け負うT社の話です。この会社では、毎年10万円程度の法人税を払っていました。

会社というのは、毎年、業績の良し悪しがあるわけです。業績のいいときは税金が高くなるし、悪いときは低くなるものです。しかし**T社では、毎年似たような額の法人税額となっていました。**

これは絶対におかしい、何か不正な操作をしているんじゃないか。そう思って、私は税務調査に行ったのです。

しかし、私の思惑は大きくはずれてしまいました。このT社の社長は、税金に非常に詳しく、税金を自由自在に操っていたのです。

T社の社長は、別に簿記や会計士の資格を持っているとか、有名大学の経営学部出身などというわけではありません。工業高校を出て、職人になってから独立をして会社を作った人です。

T社の社長は、事業をやっていく上で税務上の様々な知識を身につけ、調査官も舌を巻くほどの「節税の達人」になったのです。

彼は、決算書を正確には読めません。**しかし、原価計算や損益計算などは、きっちりできます。** そして、自社の利益や税金に関する計算は、非常に綿密に行うのです。

そのおかげで、**税金を自由自在に操ることができるようになった**のです。

毎月の利益と税金額をつねに頭に入れておく

T社の経営者が税金に強いのには、秘訣がありました。彼は小さな手帳をいつも持ち歩いていました。

その手帳には、ぎっしりと数字が書いていありました。毎月の損益計算、1つ1つの仕事にかかった経費などが細かく書かれていたのです。その手帳を元に、現在の利益ならばどのくらい税金がかかってくるのかを常に計算していて、税金が高くなりそうな場合は、いろんな節税策を施して税金を抑えていたのです。

そのため、毎年10万円程度の税金で済んでいたのです。

いっそのこと、税金をまったく払わなければいいと思うのですが、社長によるとそれはダメなのだそうです。T社は銀行からの借り入れなどはないので、赤字にしても問題はないはずです。

「そのうち公共事業をするかもしれないので、赤字だったら困る」

社長によると、こういうことなのです。

T社が**自由自在に税金を操っていた最大の要因は、この毎月の損益計算にある**と私は思います。T社の経営者は、自社の利益がいくらかつねに頭に入っていて、税金の額も頭に入っていました。それが節税につながるのです。

というのも、節税が下手な経営者には、得てして期末になってはじめて莫大な税金がかかることに驚き、あわてて節税をする、という人が多いのです。

経営者ならば、いつの時点でも、今、現在どのくらい利益が出ていて、税金はどのくらいになるのかを把握しておきたいものです。

「利益の額」は、細部まで明確になった「完全な数字」を出す必要はありません。だいたいでいいのです。

「今の時点で、今年は500万円くらい儲かっている。だとしたら、税金は150万円くらいかかるなあ。なんとかしなければ」

という具合にです。

もちろん、正確に越したことはないのですが、大切なのは今期の収益の大まかな流れをつかむことなんです。

そして流れをつかんだなら、税金が多くなりそうなときには、上手に節税策を施すのです。

次項からは、T社が施していた節税策の数々をご紹介していきましょう。

家賃や保険料を1年分前払いする

T社の帳簿を見ていると、私は妙なことに気づきました。

T社では、年間を通じてずっと高い利益が出ていたのですが、期末になるとその利益ががくんと下がっているのです。

なぜ、急に利益が下がったのか、私は原因を探しました。すると、ある事実に行き当たりました。期末に多額の家賃や保険料が計上されているのです。

私は、さっそく社長にこのことを追及しました。

「なぜ期末になって、家賃や保険料がこんなにたくさん計上されているんですか？　日ごろは、家賃の計上なんかないのに」

社長は何食わぬ顔で答えました。

「それは事務所の家賃と火災保険料ですよ。1年分前払いしたのです」

私はびっくりしました。普通、経費というのは、その年にかかったものしか計上できません。翌年の経費は、翌年に計上しなくてはなりません。だから、もし前払いをしたのなら、それは翌年の経費に計上するべきなのです。これは、会計の基本中の基本です。こんなことも知らないのか、と私は社長を問い詰めました。

「社長さん、前払いの家賃は、今期の経費には計上できませんよ。来期の経費にしていただかないと」

すると社長は、「えっ」というような顔をして、私を見つめました。

「1年分の前払い費用ならば、経費に計上できるはずですが…これは税理士の先生もいっておりましたし、今までの税務調査でもとがめられたことはありません」

私は、面くらいました。

そういうことがあるのか？

私は、当時まだ経験も知識も浅い駆け出しの調査官でした。その年の経費はその年に計上する、ということは常識だと思っていたので、まさか、そんな経理処理があるとは思ってもみませんでした。そんなはずはないと思いましたが、社長の微塵もゆるぎない表情を見ると、なんだか自分が間違っているような気持ちになってきました。

「税務署に帰って検討してみます」

私は、ようやくそれだけいい返しました。

税務署に戻って先輩に聞いてみると、確かに1年分の前払いは、その年の経費に計上できる場合もあるということでした。

経費勘定の中には、1年分前払いすれば、それが経費と認められる項目がいくつかあるのです。家賃・火災保険料・信用保証料などです。

これらの経費を1年分前払いすれば、当期の経費が増えて、税金を安くすることができるのです。

たとえば、会社の家賃12万円を期末に1年分前払いしたとします。合計１４４万円が、その期の経費に計上できるのです。

ただしこの経理処理には、いくつかの条件があります。

まず、1年分以上の前払いは経費としては認められません。もし、1年分以上の前払いをしていれば、原則通りの経費としかできません。

また決算期の後にこの処理をしても、前払いとは認められないので、決算期の前に行わなければなりません。

そして一度この会計処理をすれば、毎年同じ会計処理を行わなくてはなりません。つまり家賃を1年分期末に前払いすれば、翌事業年度も期末に1年分前払いしなければならないのです。翌年は節税でもなんでもなく、単に1年分の家賃が経費に計上されるだけです。

T社では、この条件をすべてクリアしていました。

つまりT社は、合法的な節税方法で、期末の利益を大幅に節税していたのです。

税金を払うくらいなら、お客さんに利益を還元する

またT社では、期末にもう1つ変わった経理処理を行っていました。

期末の売掛金を、大幅に減額しているのです。中には、原価割れになっている取引もありました。

私は、なぜこんなことをしているのか、社長に聞いてみました。

「どうして、期末に売掛金をこんなに減額しているんですか？　なかには、原価割れになっているものもあるし」

社長は、私の顔をじっと見つめておもむろに話しはじめました。

「よく電器店などが決算処分大売り出しなどをしますね。あれと同じことです。調査官の前で申しわけありませんが、なるべく税金は払いたくないんですよ。税金を払っても、私は一文の得にもなりませんからね」

「だから、期末に利益が出ていたら、お世話になったお得意さんの掛けを減らしてあげるんです。お得意さんは、それでまた今度も仕事を頼もうという気持ちになります。でも、それをしないで税金を払ってしまったら、あなた方が喜ぶだけです」

つまりこの社長は、**今回は値引きをしておいて、それを次の売上に結びつけよう**と考えたわけです。

「今回の売掛金は少し勉強させていただきますよ。その分また来年たくさん買ってくださいよ」

　というわけです。

　なるほど、これは経営戦略上、賢いことではありません。調査官としては腹立たしいことですが。この方法を使えば、本当に経営上、得をするのですから。

　たとえば、あなたの会社で、今年このままでは４００万円の利益が出てしまいそうだとします。法人住民税、事業税と合わせて１２０万円程度が税金で取られてしまいます。

　で、決算期前の時点で１０００万円の売掛金が残っているお得意様がいたとします。そこで、この顧客の売掛金を2割、値引きします。

　売掛金の値引きをすれば２００万円の損をしますが、利益は半分になりますので、税金も半分の60万円になります。つまりは、２００万円値引きしても１４０万円の損で済むというわけです。

　取引先にとっては２００万円の値引きをしてもらったわけですから、２００万円の恩義を感じるわけです。**１４０万円の損失で２００万円の恩義を売れる**というわけです。

　広告宣伝費や接待費と考えてもいいでしょう。

ポイントとなるのは、どうせ税金に取られるくらいなら、お客さんに還元したほうが後々のためになる、ということです。

社用車は400万円のBMW

T社の減価償却資産のリストには、興味深いものが載っていました。

BMWです。

購入価額が400万円もする高級外車を、T社は所有していたのです。しかしT社は寺社などの建設業です。まさか、BMWで現場に行くことはできないでしょう。

会社の仕事用に使っていないとなれば、単なる社長の私有物です。それならば、会社の金で買うのはおかしい。そう思って、私はT社の経営者を問い詰めました。

「社長さん、この資産表に載っているBMW、会社で使ってないでしょう？」

社長は、何食わぬ顔で答えました。

「いいえ。会社でしか使ってませんよ」

「だって、現場にはBMWでは行けないでしょう」

「はい。現場には行きませんよ。でも、私の出勤や、営業をしたり打ち合わせをしたりするときは、BMWを使っています。接待ゴルフなんかするときも使ってます」

「本当は、ほとんど個人的に使っているんじゃないんですか？」

「いいえ、プライベートでは、別に軽自動車を持っていますよ。BMWはあくまで会社の用件で使っています」

この経営者、さすがにぬかりがなく、税務署の追及をすべてかわせるようにしておりました。まあ、しかし、**会社が高級車を持っていて、経営者がそれを使用している場合、なかなかそれを税務署が「個人の持ち物だ」と断定することはできない**のです。その高級車が、経営者の嗜好であったとしても、会社の用事で使っている事実があるならばです。

特にこの経営者のように、個人用には別の車を持っていたりすれば、税務署としてはお手上げです。

以前、『なぜ、社長のベンツは4ドアなのか？』というビジネス書が売れました。あの本のオチは、「2ドアならば個人用とみなされて、会社の経費では落とせない」というものでしたが、実はそれは誤りなのです。2ドアの高級車であっても、会社の業務で使っているのならば、会社の所有とすることができる、という判例が出ているのです。

なぜ、新車ではなく中古車なのか？

ところで、このT社のBMW、よく帳簿を見てみると中古車でした。

私は、軽い冗談まじりでT社の経営者にたずねました。

「社長さん、儲かっているんだから、中古じゃなくて新車にすればいいんじゃないですか？」

すると、経営者は真顔になって答えました。

「新車だと節税にならないでしょう？」

「えっどういうことです？」

その当時の私は、まだ駆け出しの調査官で、節税策のことなど何もわかっていませんでした。

T社の経営者がいっている節税というのは、こういうことです。

普通は新車で車を買えば、耐用年数に応じて減価償却をしていかなければなりません。普通車の耐用年数は6年なので、車の購入費用を経費として全部計上するまで6年かかります。

もし、120万円の車を購入したならば、1年間に20万円ずつ経費に計上して、6年間かけて全額が経費で落ちることになる、そういうことです。

しかし、**中古車の場合、経過分の期間を耐用年数から差し引くことができます。**耐用年数が短くなるということは、それだけ早く減価償却してしまえるということ、つまり、**1年間に経費として計上できる金額が多くなる**ということです。

たとえば新車登録してから2年経過した中古車ならば、耐用年数は4年になります。120万円で購入した場合は、1年間30万円ずつ経費に計上できるのです。同額の新車よりも、年間10万円ほど経費計上額が大きくなるわけです。

中古車の耐用年数というのは、次のような計算方法で算出されます。

(耐用年数－経過年数)＋(経過年数×20%)

たとえば、5年落ち(5年経過)の中古車を買った場合、自動車の耐用年数6年から経過年数5年を引きます。それに経過年数の20％、つまり1年を足します。計2年となり、この中古車の耐用年数は2年ということになります。

1年未満の端数が出た場合は切り捨てとなり、最短耐用年数は2年です（計算式で2年以下になった場合は2年が耐用年数となります）。

ざっと中古車の耐用年数を並べてみますと、下の表のようになります。

このように4年落ちになると、耐用年数が2年になります。中古車の耐用年数は、それ以上は短くなりません。2年が最短なのです。

耐用年数が2年というのは、**わずか2年**

中古車の耐用年数

	耐用年数
1年経過の車	5年
2年経過の車	4年
3年経過の車	3年
4年経過の車	2年
5年経過の車	2年
これ以上経過の車	2年

で車の購入費をすべて経費に計上できるということです。

ＢＭＷ、ベンツなどの高級車は、中古といってもそれなりに高価です。５００万円から６００万円するものはザラにあります。それらが、たった2年で経費化できるのです。つまり、**中古ＢＭＷを買えば、２年間にわたって５００万円から６００万円の「利益減らし」ができる**ということなのです。

〝出費〟よりも〝経費〟を増やせる

中古の高級車が、節税アイテムとしてすぐれている点は、他にもいろいろあります。

ローンでこれを買えば、最初の数年間は出費以上に経費を計上できることもあります。

たとえば、もし4年落ちの中古のＢＭＷ６００万円を、６年のローンで買うとします。便宜上、利息はつけずに考えれば、1年間にローンで支払うお金は１００万円です。でも、減価償却費は2年間で全部計上できるので、1年当たりの減価償却費は３００万円です。

つまり、**100万円しか払っていないのに、300万円を経費に計上できる**のです。

もちろん、減価償却が終われば、それ以上は経費計上はできませんので、そういう美味しい状態は最初の2年間だけです。

資金繰りはよくないけれど利益だけは出ている会社や、急に儲かって、とりあえず当面の利益を減らしたいような会社には、うってつけの節税策だといえます。

また、中古高級車の利点は他にもあります。

車の価値があまり下がらない、ということです。

高級車、特にBMW、ベンツなどの高級外車の場合、中古でもそれほど価格は下がりません(日本の中級以下の車に比べれば)。

たとえば4年落ちの500万円のBMWを2年間乗ったとしても、まだまだ市場価値はあります。よほどのことがない限り、最低でも200万円、状態がよければ300万円から400万円くらいの価格で売れるかもしれません。

でも**2年間乗っていれば、帳簿上の価格はゼロ**になるのです。ということは、実際は200万円から400万円の資産を持っているのに、帳簿上にはその資産は載っていないことになります。

いってみれば、**「含み資産」**ということです。

だから、もしこの先、事業がうまくいかなかったり、資金繰りに行き詰まったときは、中古高級車を売ればいいのです。つまり、節税にもなり、いざというときの資産にもなるということです。

第4章

悪の人事管理術

お金に関しては、人を信用してはいけない

この章では、人事に関する、経営の裏ワザをご紹介しようと思っています。軌道に乗りはじめた会社にとって、人事というのは、その会社が成長するかどうかの重大な要素になりますからね。

人事を管理する上で、まず気をつけなくてはならない点があります。

それは、**お金に関しては、人を信用してはいけない**ということです。

こんなことをいうと、性格の悪い人間のように思われるかもしれません。しかしこれは、元国税調査官としての経験、データからいえることなのです。

税務署の調査をしていると、社員の誰かが横領したというような事態に出くわすことが、非常によくありました。大抵の場合は、経営者はそのことにまったく気づいていないし、その社員をすっかり信用しているのです。横領が発覚したとき、経営者は必ず「まさかあいつが」といいます。

しかし、どんなに性格がいい人でも、お金を前にすると人が変わったりするものです。

それは、国税調査官という仕事をしていればよくわかります。

国税調査官は初任者研修中に必ず、「お金に関しては、人を信用するな」ということを叩きこまれます。というのも、「脱税をする人」というのは、必ずしも「性格が悪い人」ではないからです。

温厚そうな性格、それが顔からにじみ出ている人っていますよね？　いかにも「いい人」というような。そんな人でも、決してお金に関しては信用してはいけないのです。

そういう人が巨額の脱税をしていることは、まああることなのですから。

だから「こいつは性格よさそうだ」というような社員でも、信用し過ぎると困ったことになってしまいます。

社員が横領などの不正を働いた場合、その社員はほぼ確実にその会社を辞めなければならなくなります。そうなると、会社は二重のダメージを受けることになります。

身内も信用してはならない

前項では、お金に関して人を信用するな、といいました。

こういうことをいうと、「ならば、身内に任せればいい」と思う経営者もいることでしょう。

しかし、身内だからといって、無条件に信用していいというものでもありません。

国税調査官というのは、脱税を調査する仕事です。その脱税の情報を集めるために、税務署では、一般市民による脱税情報の提供を呼びかけています。つまりは、密告です。そして実際に税務署には、数多くの密告の情報が寄せられます。

その**密告情報のほとんどは、身内や社内の人間からなのです。**つまり、身近な人間ほど、実は敵意を持っているものなのです。

「あの人ばかりお金をもらっている」

身内ほど、そういうふうに思いがちなのです。

また身内の人間ほど、自分の取り分を多く要求するものです。

あまり儲かっていないときは、いいのです。でも、急に会社の利益が出だしたり、お金が入り出すと、態度が変わってきます。

「私はもっともらっていいはず」

そう考えるようになるのです。

そして、横領をしたり、経営者のことを密告したりすることになってしまうのです。

なので、身内だから安心というわけにはいかないのです。

決裁権を集中させない

会社のお金の横領などといった**社員の不正を防止するためには、まずは、決裁権を集中させないこと**です。

人間というのは弱いもので、大きな権限を持つと、どうしても変な気を起こしてしまいます。なので社員に決裁権を持たせる場合は、必ず、それをチェックする人間を配置しておくべきです。特にお金に関しては、そうしなければなりません。

小さな会社では、経理を一人の事務員に任せきりというようなことになりがちです。これは絶対に防がなければなりません。これは横領が起こる環境としてもっとも多いパターンなのです。税務調査をしていて、社員が横領をしているのが発覚するのは、十中八九がこのケースです。

経理の仕事などは、やったことがない人にとっては非常にわかりにくくて、面倒なものです。なので、だれか経理ができる人がいれば、その人に全部委ねてしまうものです。しかし、それは絶対に避けるべきです。**無理をしてでも、経理をチェックする人をもう一人置くべき**です。

常にチェックする必要はないのです。時々、チェックすること、チェックする人間がいるということ、それを経理の事務員にわからせておかなければなりません。

それが最大の予防策なのです。

また取引先や下請け業者、納入業者などビジネス上の立場が弱い人たちと接する社員にも、気をつけなくてはなりません。この業務も、だれかに決裁権を集中させるのはまずいといえます。

下請け業者、納入業者の選択を社員一人に任せると、裏でリベートをもらったりすることになりかねません。裏リベートの慣習があり、現場の担当者がそれをもらっていいということになっていれば、それでもいいでしょう（そういうしきたりがある業界もあります）。

しかし、経営者のわからないところで、社員が業者からリベートをもらうなどということは、非常によろしくないことです。会社の経費の面でも、無用に高いものを買わされる羽目になりますし、業者に対して会社のイメージを損なうことにもなりかねません。

だから、この業務にも、チェックをする人を必ずつけるべきです。

社員の不正を見抜く方法

社員の不正を見抜くには、まず社員にきちんと休暇を取らせることです。

不正を行っている社員は、なかなか休暇を取りたがりません。休暇を取っているうちに、会社に残しているマズイ情報を見られたりする可能性があるし、不正が発覚しそうなときに、それを防ぐことができないからです。

だから、長く休暇を取っていない社員がいたら、強制的にでも土日以外の有給休暇を使わせて休ませましょう。そして、彼らが休暇を取っている間に、彼らの業務に関して点検をしてみましょう。

また、**抜き打ち検査も効果があります。**社員の管理している経理関係の書類、通帳などを抜き打ちで検査するのです。

社員から「疑り深い経営者だ」と思われるかも知れませんが、そのときには、「税理士からいわれているので、時々、抜き打ちで検査させてもらうよ」などと適当にいい繕ってください。

抜き打ち検査では、多くの書類を全部見る必要はありません。無作為に一部を抽出して、それを深く検査するのです。たとえば、交際費の伝票を数枚、無作為に抽出して、その内容である「どういう相手に対する交際費なのか」「どこで行われたものなのか」「領収書はちゃんと残っているのか」などをチェックするのです。

なぜ、そういうことをするのかというと、全体をチェックしようとすると時間がかかるし、詳細はなかなか見ることができません。だから表面上、繕ってあれば、不正は発見できないのです。

でも書類の一部を抽出して深く検査すれば、不正をしていた場合は、発見することができます。社員としては、もし1枚でも不正をしている書類が抽出されれば一巻の終わりですから、不正ができないようになるのです。抜き打ち検査では、本当に不正を発見しなくていいのです。社員に対するけん制になっていれば、それで十分なのです。

給料を安く抑えるだけではダメ

この章には、「悪の人事管理術」というオドロオドロしいタイトルがついています。といっても、中世の悪徳領主のように、ムチを打って無理やりいうことを聞かせることなどは、もちろんできません。

そういう方法をご紹介しようというのではありません。

また違法スレスレに、社員の待遇をめちゃくちゃ悪くする方法をご紹介するというのでもありません。そんなことをして一時的に社員をこき使ったとしても、すぐに辞めてしまうので、結果的には高くつくことになります。

経営者は、まず自分が利することを考えなければなりません。かといって、従業員のことをまったく配慮せずにめちゃくちゃな待遇をしていると、従業員の会社に対する忠誠心はなくなります。また、何よりもまず、その会社にいい人材は入ってきません。

経営者はずる賢くなければなりません。**社員の待遇をめちゃくちゃ悪くして利益を上げようとするのは、「ずる賢い」のではなく、ただ「ずるい」だけです。**

たとえば私が税務調査をしたところで、次のような会社がありました。

内装業のG社です。この会社は仕事の丁寧さが評判で、しっかりした得意先をたくさん持っている会社でした。社長は、職人から独立開業した人です。

G社の税務調査のとき、私は帳簿の中に不可解な点を発見しました。現場が遠方であることが多いのに、高速道路の料金がまったく計上されていなかったのです。

「これは何かあるんじゃないか（不正行為をしているんじゃないか）」と思った私は、社長を問い詰めました。

すると社長は「高速代がもったいないから、下を走るようにしています」と答えました。私は、この答えがしばらく信じられませんでした。

会社から現場まで100キロ以上離れていることも多く、普通は高速道路を使う距離です。しかも現場に行くときは従業員数名が一緒なのだから、車1台分の高速代でいいのです。にもかかわらず、G社ではよほどのことがないと高速道路は使わないことにしているのだそうです。

高速道路を使わないとなると、時間がかかります。当然、実働時間は短くなります。それをどうやって補っているのかというと、早出遅番を従業員に課し、そのためサービス残業がかなり多くなっているらしいのです。従業員にこっそり聞き取りをしてみると、「残業代はほとんどもらってないねえ」と教えてくれました。

「仕事は多いんだけど、従業員がすぐに辞めるんで、なかなか業務が拡大できないんですよ」

G社の社長はこんなことをいっていました。従業員がすぐにやめる理由が、G社の社長にはわからないようでした。

この手の会社の社長さんに話を聞くと、たいがい「今の若い者は辛抱が足りない」というようなことをいいます。

でも「待遇が悪いところを避けて待遇がいいところに移る」というのは、今の若い者だけのことではありません。戦前の若者も、いい条件の働き口を求めて転職を繰り返しました。退職金や年功序列の制度は、戦前、従業員の転職を防ぐためにはじまった制度なのです。

G社の社長は、私にこんなことをいっていました。

「世の中、就職難などといわれていますが、それは大企業のこと。うちみたいなところは、いつまでたっても人手不足です」

しかし、G社が人手不足なのは、明確な理由があります。G社の給与台帳を見てみると、給料があまりに安いのです。休まずに働いて月の手取りが10万円ちょっとなのです。こんな給料で、重労働をする馬鹿はいないといえます。

私は、そのことを社長にいいました。

「社員さんの給料は、安すぎないですか？」

「いや、この辺りにある工場の工員と変わらないですよ」

「でもこの会社の仕事は、この辺りの工場よりもシンドイでしょう」

「すぐ辞めてしまう奴に、そんな高い給料が払えるわけはないでしょう」

「いや、給料が悪いからすぐに辞めるんじゃないですか」

「そうですかねえ」

社長は納得がいかないようでした。

でも客観的に見れば、いい人材が入ってこないのは、間違いなくこの会社の待遇が悪いからです。こんな具合に、**人件費はただ少なくすればいいというものではない**のです。

G社では、社員の入れ替わりが非常に多く、新入社員も仕事を覚えたと思えば、すぐに辞めてしまう。社員が戦力になる前に辞めてしまうので、結果的に、無駄な人件費を払い続けている、ということになっているのです。

お金をかけずに社員の待遇をアップさせる方法

ここまで読んでこられた中小企業の経営者の中には、こんなふうに思われた方も多いのではないでしょうか？

「そりゃあ、誰だって従業員の待遇を良くしたいと思うよ。でも、お金がないから仕方がない」

そんな経営者の方に、とっておきの方法があります。

今と変わらない人件費で、従業員の待遇を飛躍的に良くする方法です。何かイカサマじみたいい方ですが、本当に人件費をまったく上げずに従業員の待遇をよくする方法があるのです。

その方法はいくつかあります。

まずは、**国のお金を使う方法**です。

昨今、不況対策として国はいろんな助成金の制度を作っています。これをうまく使えば、人件費を大幅に削減することができるのです。

次に**従業員の税金と社会保険料を節減し、その分、従業員の取り分を多くするという方法**もあります。

現在、サラリーマンの税金と社会保険料は、給料の4割にも上っています。もしこれを大幅に削減することができれば、サラリーマンの取り分は飛躍的に上がるのです。

極端な話、サラリーマンの税金と社会保険料をゼロにすれば、60が100になるわけなので、社員の手取り分は70％近くも上がるのです。

もちろん、さすがに、税金と社会保険料をゼロにすることは現実的に難しいのですが、かなりの部分を削減できることは間違いないのです。

また、社員のやる気を出させるような仕組み（ストックオプションなど）を作るという方法もあります。本章では、これらの「お金をかけずに社員の待遇をアップさせる方法」を、順次紹介していきます。

国に社員の給料を肩代わりしてもらう

お金をかけずに社員にやる気を出させる方法のトップバッターは、**国からの助成金をもらうという方法**です。

国から助成金をもらえば、自分の腹を痛めずに、社員の待遇を改善することができます。これこそ、お金をかけずに社員にやる気を出させる最高の方法だといえます。

中小企業の経営者の方たちの中に、国からの助成金を自分とは関係ないもの、と思っている人も多いようです。

「どうせ、コネがある人、特別な業界の人しか助成金は受けられない」

と思っているようです。

しかし、そんなことはありません。

助成金というのは、基本的にだれでも受けられるものなのです。1回、助成金を使ったことがある人は、何度も何度も使うようになっているようですが、使ったことがない人はまったく手を出そうとしません。

助成金は基本的に、一定の要件さえクリアしていれば、だれでも受給することができるのです。

だから、条件を満たす人は、申請さえすれば受けられることが多いのです。これを使いこなすのと使いこなさないのとでは、経営戦略が大きく変わってきます。

税金は払うばかりではありません。利用することもできるのです。

せっかく国がお金を出してくれるというのですから、それを受けない手はないのです。

助成金の使用は、経営者によって非常にムラがあります。この制度を使っている経営者は、とてもたくさんの助成金を使っていますが、使っていない経営者はまったく使っていません。情報が行き届いてないということです。本書を手に取ったことをきっかけに、ぜひ、この美味しい制度を利用してみてください。

次ページに中小企業が使えそうな主な助成金を挙げておきます。他にも助成金はたくさんありますので、厚生労働省のサイトなどで、一度、念入りにチェックしてみてはいかがでしょうか。

主な助成金一覧

●高年齢者雇用開発特別奨励金

65歳以上の人をハローワークの紹介で、1年以上雇用した場合、1人につき90万円の助成金がもらえます。月15万円の給料を払うとするならば、その半額を国の助成金で賄えるのです。高齢者でもできる業務がある会社は、使い勝手のある制度でしょう。

●試行雇用奨励金

45歳以上の中高年、45歳未満の若者、母子家庭の母親などを試行的に3ヵ月以上雇用する場合、1人当たり月4万円の奨励金がもらえます。たとえば、16万円の給料を払うとすれば、その4分の1は国が助成してくれるというわけです。人手不足で困っている会社などはうってつけの助成金です。

●実習型試行雇用奨励金

6か月間の「実習」として試行的に雇用する「実習型雇用」を行なった企業に、月額10万円(合計60万円)を助成するという制度です。試行的に人を雇ってみるときに使えます。ハローワークに実習型雇用の申請をする必要があります。

●正規雇用奨励金

上記の実習型雇用終了後に正規雇用した場合、正規雇用後の6か月の定着と、さらにその後の6か月の定着を要件として、それぞれ50万円ずつ2回の時期に分けて100万円支給されます。障害者の場合は、さらにその後6か月の定着で50万円支給されます。

社員の税金、社会保険料を下げる

前項では、国から助成金をもらって人件費を削減するという方法をご紹介しましたが、次に社員の税金や社会保険料を削減し、その分を社員に還元する、という方法をご紹介します。

社員の税金や社会保険料というのは、ガチガチに決められていて、削減などできないように思われています。しかし、決してそうではありません。

給料にかかる税金には、いろいろな抜け道があります。

サラリーマンの税金や社会保険料は、会社が管理しています。いってみれば、社員の税金、社会保険料は、会社が自由自在に調整できるのです。だから、**会社がちょっと調整すれば、社員の税金や社会保険料は簡単に安くなる**のです。

本章を読んだあと、ほとんどの人が、「なんで今まで、会社はこれをやってくれなかったんだろう」と思われるはずです。それほど、簡単に社員の税金や社会保険料は安くなるのです。

社員の税金や社会保険料が高いということは、実は会社にとっても、好ましいことではありません。会社がせっかく払った人件費が、社員にではなく、国に取られているのです。国に取られて、なんとも知れないことに使われてしまっているのです。

これは、費用対効果として考えるなら、とてもバカバカしいことです。

では、具体的に社員の税金や社会保険料を下げる仕組みを説明しましょう。

給料には、2つの種類があります。

税金や社会保険料の「対象となるもの」と「対象とならないもの」です。

サラリーマンの税金や社会保険料というのは、給料の額に応じて一定の比率でかかるようになっています。

しかし、**サラリーマンの給料の全額に税金がかかるわけではない**のです。会社が社員に支払った金銭（利益供与も含む）であっても、「これは給料に入れなくてもいい」というものが、税法でいろいろ定められているのです。

なので、**税金のかかる給料を減らし、税金のかからない給料を増やせばいい**というわけです。

そしてこの「税金のかからない給料」というのが、けっこう広い範囲で認められているのです。

この税金のかからない給料を拡充すれば、サラリーマンの税金や社会保険料は、簡単に安くなるのです。

税金のかからない給料①　賃貸住宅の家賃

前項で紹介した税金のかからない給料をさらに具体的にご紹介していきましょう。

「税金のかからない給料」の中で、もっとも手っ取り早く、大きな効果を上げられるものが、住宅関係手当です。

特に、社員が個人で借りている賃貸住宅を会社の借り上げにしてしまえば、相当なメリットがあります。会社がアパートやマンションを借り上げて社員がそこに住んでいる場合、会社が肩代わりしている家賃は給料とはみなされないのです。

普通、家賃は自分の給料の中から払います。給料は、税金を天引きされてから支払われるので、すでに税金は取られています。つまり、給料の中から家賃を払えば、家賃にはすでに税金が課せられているのです。

でも会社が社員の家賃を払って、その家賃分を給料から差し引けば、家賃には税金がかからないのです。

ただし、この方法には注意点が2つあります。

1つは**「家賃の全額を会社が払うことはできない」**ということです。

会社が家賃の全額を払ってしまえば、給料とみなされます。家賃を全部払ってもらうのは社員にメリットが大きすぎるので、給料と同じ扱いになるのです。でも社員が家賃のだいたい15％以上を払っていれば給料扱いはされません。

またもう1つの注意点は、**単なる「家賃の補助」ではダメ**だということです。あくまで会社が直接借りて、そこに社員が住む、という形をとらなければなりません。だから、個人の賃貸契約から法人の賃貸契約に変更してもらわなければなりません。

これはそう難しいことでも、手間のかかるものでもありません。家主からみれば、個人に貸すのも法人に貸すのも、家賃が入ってくるのは同じなのですから。

この会社借り上げの非課税制度は、社員だけでなく役員にも使えます。

ただし役員の場合、若干社員よりも条件が悪く、家賃のだいたい30％以上を払ってなければなりません。また豪華な住宅などの場合は、家賃の50％以上払っていなければなりません。

税金のかからない給料② 夜食代・昼食代

税金のかからない給料は、住宅関係だけではありません。食事に関してもあります。

まず勤務中の社員の夜食代を会社が支払った場合、それは社員の給料に加算しなくていいことになっているのです。

この制度をうまく使えば、人件費を増加させずに、社員の待遇をかなり向上させることができます。

会社が夜食代を出すことを条件に、その分の給料を下げれば、社員にとっても会社にとっても節税となるのです。

たとえば月の半分以上残業をしている社員が、残業したときはいつも1000円程度の出前を取っていたとします。1ヵ月で15日残業したとして、毎月1万5000円の夜食代がかかる計算です。

この1万5000円を、会社が残業者の夜食代として支払い、その分を給料から減らしたとします。すると年間で18万円分（1万5000円×12ヵ月）が「税金のかからない給料」となるわけです。

この18万円には、従来は税金、社会保険料が40%かかっていましたから、7万2000円程度も浮くのです。つまり、社員の給料が年間7万2000円もアップしたのと同じことなのです。

残業が多い会社、夜の勤務時間が長い会社などはぜひ活用したいものです。

また**通常の昼食代でも、「従業員が半分以上払うこと」「月3500円以内」という条件を満たせば非課税**となります。

ただし昼食の場合、3500円を単に現金としてもらっても非課税にはなりませんので、注意を要します。非課税となるのは、会社を通じて仕出しや出前などを取ってもらった場合のみなのです（提携した飲食店の食事券を支給することも可）。

夜食の場合も、現金でもらうのではなく、会社を通じて出前などをしてもらわなければなりません。

また夜間勤務者の場合、会社を通じての出前などは取らなくても、1回300円までの食事代の現金での支給には税金はかかりません。

税金のかからない給料③　社員の飲食代

前項では、社員の食事代を会社が出す、という方法を紹介しましたが、食事代のみならず、**飲み代を会社が負担するという方法**もあります。

会社が社員の飲み代を負担する方法には、いくつかあります。

1つは**会議費**で落とす方法です。

会社には会議費という経費が認められています。

これは、食事と若干の飲み物つきも可能な飲食費用です。**目安としてだいたい1人3000円**とされています（明確な基準はない）。

会社では、重要な仕事がはじまるときや終わったときに、セクションで飲みに行くことも多いものです。そのときにこの「会議費」を使えば、3000円程度の飲食は会社の負担でできるのです。社内で出前などを取る場合、1人3000円なら充分に豪勢な会ができます。

この会議費を有効に使えば、費用をかけずに社員の待遇をよくすることができます。

たとえば、週に1回、月に1人1万円程度、会議費を使わせる代わりにその分の給料を下げます。年間で12万円なので、これを給料としてもらえば、税金と社会保険料でだいたい4万8000円取られます。でも会議費として使えば、この4万8000円の税金や社会保険料は必要ないのです。

つまり、給料を4万8000円アップしたのと同じというわけです。

ただこの方法を使うには、ちょっと注意が必要です。

会議費を経費とするには、「会議をするのにふさわしい場所で飲食する」ということが条件になっているので、居酒屋などではまずいでしょう。酒類もビール1、2本程度ということになっています（明確な基準はない）。また会議という建前をとらなくてはならないので、会議が行われたという証拠も残さなければなりません。

また社員同士の飲み会ではなく、社外の人と飲む場合も、会社の経費で落とす方法があります。

現在の特例で、1人当たり5000円以下の飲食費については接待交際費から除かれ、その全部が損金算入できるようになったのです。ちょっとややこしい表現ですが、つまりは、**1人前5000円以内の飲み代であれば、会社の経費で落とせる**ようになったのです。

ただし、飲食費が接待交際費から除かれるためには、飲食などのあった年月日、店名、相手先、人数などの内容を記載した書類を保存しておかなければなりません。ちょっと面倒くさくなりますが、お店からもらった領収書に必要事項を記入しておけばよいのです。なにはともあれ、飲み代を会社が出せるようになったのですから、これくらいの手間は頑張ってクリアしましょう。

この特例では、社内の人間同士での飲食代は対象外となります。だから、社内の人間同士の飲食の場合は、前記の会議費などを使うべきでしょう。

1人当たり5000円というのは、消費税抜きの金額です。また1人1人が5000円以内に収める必要はなく、1人の平均単価が5000円以内に収まればOKということです。なので、1人5000円以上かかりそうな場合は、あまり飲み食いしない人を何人か連れていけば、解決できるでしょう。

ただし、1人当たり5000円を1円でも超えれば、全額が経費として認められなくなりますので注意を要します。たとえば1人当たり5500円だった場合、5000円分は会社の経費で落とし、残り500円ずつを自腹で切る、などということはできないのです。

税金のかからない給料④　接待交際費

前項では、1人当たり5000円以内の飲食費を会社から出す方法を紹介しましたが、資本金1億円以下の中小企業ならば、もっと直接的に飲み代を使うことができます。

普通に、会社の**接待交際費**として計上するのです。

資本金1億円以内の中小企業では、年間800万円は接待交際費を税務上の経費に計上できることになっています。

この年間800万円の接待交際費の枠は、通常は経営者などの交際費として使われています。しかし、経営者だけで800万円を満額使うことは、あまりありません。

なので、**800万円の枠が余っている会社では、それを社員に分配**すればいいのです。

たとえば、「社員1人当たり年間20万円は、会社の接待交際費を使える」などという取り決めをしておくのです。

そして、その分の給料を削るのです。給料として20万円もらえば、税金や社会保険料でその40％の8万円取られますが、接待交際費としてもらうならば、それは取られずにすむのです。会社としても、消費税の節税になります。

「接待交際費といっても、接待するような仕事じゃないからなあ」

と思った人も多いでしょう。

しかし、接待交際というのは、何も営業職の人が顧客を接待するときだけのものではありません。「仕事をうまく行かせるための交際」であれば、どんな交際でもいいのです。少しでも仕事に関係のある人、仕事に役に立つ情報を持っている人などと飲食することは、立派に接待交際費となるのです。

だから、**たいがいのサラリーマンは、接待交際費を使う資格を持っているはず**です。

ただし、接待交際費を使う際には、気をつけなくてはならない点があります。

接待交際費は、あくまで社員が接待交際費を使ったときに、その都度、計上するという形を取らなくてはならない、ということです。あらかじめ社員にお金を渡したり、月額いくらで支給したりすると給料として扱われます。

この接待交際費は、社員同士の飲み会でも使うことができます。

だから、接待交際費の枠がある会社は、社員同士の飲み会を定期的に催すなどという使い方も可能なのです。

税金のかからない給料⑤　レジャー費用

これまで、社員の住宅費や食費、飲み代などを会社が負担し、その分の給料を下げれば、お金をかけずに社員の待遇がよくなるということを説明してきました。

しかし、これは住宅費や食費、飲み代に限ったものではありません。

旅行、スポーツジムなどのレジャー費用、英会話学校の授業料や運転免許の取得費用も、会社が出すことができます。給料の代わりに会社がこれらの費用を負担すれば、人件費を上げずに、社員の待遇をぐっと向上させることができます。

たとえば、スポーツ施設の利用料年間12万円を給料から払えば、その12万円には税金や社会保険料40％がかかってきます。つまり、4万8000円も余計に払うことになるのです。

しかし、会社にその利用料を払ってもらえば、4万8000円の税金、社会保険料は払わなくてすむのです。

ただし、スポーツ施設の利用は、すべての社員が希望すれば使えるというようにしていなければなりません（役員など一部の社員の特典としては認められない）。

税金のかからない給料⑥　旅行費用

また、**旅行などの費用も会社が出すことができます。**

まずは、**社員旅行**という方法があります。

社員旅行というのは、一定の条件さえクリアしていれば、全額を会社の経費で落とすことができます。条件というのは、４泊５日以内の旅行であり、社員の50％以上が参加するというものです。海外旅行でもＯＫです（海外での滞在が４泊５日以内）。

たとえば、グアムに社員５名で４泊５日の社員旅行をするとします。旅費の１人12万円、合計60万円はもちろん会社持ちです。

これをもし、自分のお金で行ったとすると、そのお金は自分の給料から出すことになりますから、最低でも１人５万円近くの税金、社会保険料がかかってくることになります。しかし会社が福利厚生費として支出すれば、その５万円は払わなくてすむのです。

つまり、社員の給料を5万円アップしたのと同じことになるのです。

この社員旅行では、気をつけなくてはならない点があります。

それは、社員旅行に行かない人にその分の金銭を支給すれば、社員旅行そのものが給料扱いになってしまうということです。なので、旅行に行かない人に露骨にその代金としてお金を支給することはできない、ということです。

「会社の旅行なんて行きたくない」

そう思っている人もいることでしょう。

そういう団体旅行が嫌いな人たちも、**「研修旅行」「視察旅行」**を使えば、会社のお金で個人的な旅行をすることができます。

「研修旅行」というのは、会社の業務に関する研修のための旅行です。「視察旅行」というのは、会社の業務に関する視察を行う旅行です。なので、個人的な旅行を、「研修旅行」や「視察旅行」という目的を作って、会社の業務とするのです。

もちろん、建前の上では研修であり視察です。その体裁はきちんと整えなければなりません。

「どこどこの地域の市場調査」とか「どこそこの工場の見学」とか、もしくは希望の旅行先に取引先があれば、そことの打ち合わせを入れてもいいでしょう。

また日程も、半分以上は「会社の業務」を入れておかなければなりません。視察ならばレポートなども作成しておくべきでしょう。

しかし、視察や研修というのは、理由のこじつけができます。そう堅苦しく考えず、会社の業務と関係のあることをうまく結びつけて旅行をするのです。

また社員が**プライベートの旅行をしたときに補助金を出す**、という方法もあります。

大企業では、保養施設を持っているところも多いものです。そういう企業の社員は、観光地や保養地に格安で宿泊することができます。また公務員なども公務員用の保養施設があり、同じような恩恵を享受できます。

自前で保養施設を持てれば、それにこしたことはありません。福利厚生費として保養施設につぎ込めば、社員は大きな経済的メリットを受けることができます。

でも、中小企業ではそうそう保養施設などを持つことはできません。それでは不公平です。それを補うために、社員がプライベートの旅行をした際に、その宿泊費を補助してあげるのです。

たとえば、社員が観光旅行などをした場合、1泊につき5000円は会社から補助を出してあげるのです。家族にも同様の補助を出します。それを年間20回（人数×宿泊）まではOKというような規定を作っておくのです。

そうすれば、年間10万円の旅行費用を会社が負担してくれることになるのです。

もしこれを自腹で払うとするならば、税金や社会保険料で4万円程度払うことになります。旅行好きの人にとっては、馬鹿にならない金額でしょう。その4万円を遊興費に使ったほうがよほどいいわけですから。

ただし、この方法を使う場合は、気をつけなくてはならない点があります。

それは、宿泊費の補助としてお金を社員に手渡すのではなく、会社がホテルや旅館などに直接申し込み、社員が会社に残りの宿泊費を払うという形態を取らなくてはならない、ということです。

社員が自分でホテルや旅館に宿泊の申し込みをし、会社が補助金を出すという形態では、給料として扱われてしまうのです。

税金のかからない給料⑦ 業務に関する技能の取得費用

税金のかからない給料の中には、**「業務に関する技能の取得費」**というものもあります。

「業務に関する技能の取得費」とはどういうものかというと、社員が業務に関する技能を取得するために学校などに行った場合、その費用を会社が負担しても課税されないというものです。

特殊技能や特殊な資格を必要とする仕事は多いものです。また資格を取ることで、会社の業務を拡大できることもあります。

この技能取得には、運転免許なども含まれます。つまり、業務に関係するならば、運転免許の取得費用を会社が負担してもいいのです。

業務の中で車を使わない会社はほとんどないので、どんな会社も経費を使って社員に免許を取らせることは可能なのです。

たとえば30万円かかる自動車学校に行った場合、社員が自分の給料から支払うならば、それには税金と社会保険料がだいたい12万円かかってきます。でもこの費用を会社

税金のかからない主な裏給与

項　目	内　容
家賃補助（会社の借り上げか社宅）	家賃の85%程度は会社が負担しても無税
夜食代（仕出しや会社を通しての出前）	全額会社が負担しても無税
昼食代	社員が半額以上負担していれば、月3500円まで会社が負担しても無税
会議費	１人当たり5000円。取引先をまじえての会議ならば全額を会社が負担しても無税
接待交際費	全社合計600万円までは約３%の税金でＯＫ。ただし資本金１億円以下の企業のみ
レジャー費用	会社の福利厚生費に該当するものなら会社が全額負担しても無税
業務に関する技能の取得	全額を会社が負担しても無税
出張の日当	世間一般並みの支給であれば無税
通勤費	月10万円までは会社が負担しても無税

から出してもらえば、その12万円は支払わなくていいのです。つまり、社員の給料を12万円アップしたのと同じことになります。

ただし、まったく車を使わないような職種では、これは使えません。あくまで、会社の業務に関係する技能取得費という建前です。

給料のオプション制の導入

「税金のかからない給料」を増やす場合、そのやり方によっては、社員の間で不公平が生じます。

たとえば、住宅の借り上げ制度を採り入れた場合、家を持っている人や実家から通っている社員にとってはなんのメリットもありません。借り上げ制度を使った社員の給料をどうすればいいか、下げられるものなのか、という問題も出てきます。

そういう問題を解決する手段として、**給料にオプション制を導入する**という手があります。

オプション制とは、給料を決めるときに金額だけではなく福利厚生も含めて契約する方法です。

そして社員は、各オプションを自分で選択できるようにしておくのです。

たとえば、住宅借り上げ制度をオプションとして用意しておきます。このオプションを使う場合は、給料はその分少なくなるようにします。

つまり、このオプションを使わない人は、給料が若干高いようにするのです。この他にも、車の免許取得、研修旅行など、様々なオプションを用意しておけば、社員は自分の生活スタイルに合わせて給料のもらい方を決めることができるのです。

これは、福利厚生の分野で**「カフェテリア方式」**といわれ、注目を集めているものでもあります。

福利厚生の「カフェテリア方式」というのは、従来のように、社員がすべて同じような福利厚生を受けるのではなく、会社が提示した福利厚生の中から社員が自由に選べるようにするポイント制にして、そのポイントの範囲で社員は自分の福利厚生を設計することができる、というものです。

たとえば、各社員がポイントを１００ずつ持つことにして、スポーツジムは年間で10ポイント、旅行の宿泊補助が1回5ポイント、借り上げ住宅が年間50ポイントというように設定しておきます。

社員は100ポイントになるまでは、自由に福利厚生を選ぶことができるのです。もしポイントが余れば、それは給料に加算してもいいし（ただし、ポイントの残りが給料に加算されることが明示されていれば、この制度自体が課税されるので、内々で加算しなければなりません）、翌年に繰り越してもいいわけです。

「ストックオプション」で社員に夢を持たせる

お金をかけずに社員にやる気を起こさせる方法には、待遇をよくすることのほかに、社員に夢を与えるというものもあります。「この会社で頑張っていれば、将来的にいいことがありますよ」という夢を持たせるのです。

その格好のアイテムに、**ストックオプション**というものがあります。

ストックオプションというのは、**その会社の株を購入する権利**のことをいいます。

「何年何月何日にいくらの金額でこの会社の株を買える」という権利です。

外資系企業、IT企業などを中心に、自社の役員や社員にストックオプションを与える会社が多くなっています。

しかしストックオプションは、外資系企業やＩＴ企業だけのものではありません。どんな企業もこれを使えば、様々なメリットを得ることができます。

ストックオプションを役員や社員に与えれば、会社の業績が上がって株価が上がることが、直接彼らの経済的利益に結びつきますから、権利を持てば仕事のやる気も起きます。

また非上場会社のときに、役員や社員にストックオプションを付与しておけば、株式を公開するようになった場合、彼らは莫大な利益を手にすることになります。

ストックオプションは、役員や社員の会社への忠誠心やモチベーションを高めるのに非常に役に立つといえます。

「うちは上場する気なんてないし、将来、株価が上がることなんてあり得ないよ」

と思った社長さん、あなたはまじめですねえ。本当に上場したり、株価が高騰するようなことがなくてもいいのです。

「将来、もしそんなことがあれば大儲けできる」

社員にそういう夢を持たせるだけでいいのです。もちろん、本当にそれが実現するならば、それに越したことはありませんが。

ストックオプションにかかる税金、かからない税金

ストックオプションは、導入する際にちょっと気をつけておかなければならない点があります。

それは税金です。

ストックオプションの税金は、ちょっとややこしいのです。

ストックオプションというのは、莫大な利益を得ることもあります。そのときの税金というのは、これまで明確に定められていなかったのです。

ストックオプションで利益を得た社員は、この利益を一時所得として申告しましたが、税務当局は給与所得として課税しようとしました。一時所得と給与所得ではその税金が概算で倍も違うので、当事者にとっては大きな問題です。ですから多くの訴訟が起こされました。

これまではっきりとしたガイドラインがなかったので、こういう問題が起きたのです

が、今では税務当局は明確なガイドラインを作っています。

ストックオプションを使って株を購入したときに得た利益は給与所得、その株を売って得た利益は株の譲渡所得として、課税されるようになったのです。

ただし一定の要件を満たし、権利を行使して株を取得したときには税金がかからないようになっています。下の表のとおりです。

まあ、ストックオプションで税金の問題が発生するのは、上場したり、株価が急騰したりしたときのことです。だから、税金の問題が起きるということは、うれしい悲鳴でもあるわけです。

ストックオプションと税金の関係

ストックオプションを付与されたとき	税金はかからない
ストックオプションを行使して株を取得したとき	取得価額と時価の差額を給与所得として課税。ただし、税制適格ストックオプションであれば非課税
ストックオプションで取得した株を売却したとき	株の譲渡所得として課税

上場していない中小企業がストックオプションを付与するだけならば、税金の問題はほとんど発生しません。

莫大な利益を得ても無税！

ストックオプションについては、「税制適格ストックオプション」というものが定められています。

ストックオプションでは、一定の要件を満たせば、権利行使時（実際に株を購入したとき）にかかる給与所得課税がなくなるというものです。

つまり**ストックオプションで莫大な利益を得ても、一定の要件を満たしていれば、税金がかからない**のです。

一定の要件とは、次のとおりです。

●ストックオプションをもらってから、実際に株を買うまでの期間が2年超10年以内
●ストックオプションで購入できる株は年間1200万円以内

●ストックオプションをもらったときに決められた株の買取価格は、そのときの株の時価以上であること。

ただし、株を売ったときには、その売買益に対して、譲渡所得としての税金がかかります。

この「税制適格ストックオプション」は、作られた当初は社長は対象外とされていました。社長以外の役員、従業員だけが税制適格ストックオプションを得られる、ということになっていたのです。

しかし新会社法に伴う税制改正で、社長にも「税制適格ストックオプション」が使えるようになりました。

ですから中小企業もストックオプションを使いやすくなったということがいえます。

退職金はあったほうがいい

社員にやる気を起こさせる制度には、ストックオプションのほかに退職金の制度があります。

なんだかんだいっても、退職金というのは、従業員の勤労意欲をわかせる上で重要なスキルとなります。

最近では、退職金をなくして、その分を毎月の給料に上乗せしよう、という会社も増えています。しかし、退職金はやはりあったほうがいいと思われます。退職金があるのとないのとでは、従業員の会社に対する姿勢がまったく違ってきますから。

退職金とは将来にもらえるお金です。ということは、従業員が退職金をもらおうと思えば、会社が長く存続するように頑張らなければならないし、自分も会社を辞めないようにしなければなりません。

もし退職金がなければ、従業員は、会社のことを「当座の金を稼ぐ場所」としか思わなくなります。会社全体の利益を考えず、自分の利益だけを考えるようになり、嫌なことがあればすぐに辞めてしまいます。

なので、退職金は、従業員の心をつかむために必要なアイテムだといえるのです。

しかしこの退職金、近頃は非常に出しにくくなっています。というのも、以前ならば、退職引当金は税務上の経費として認められていました。しかし、昨今の税収不足で、退職引当金の経費算入が認められなくなりました。

退職引当金は使えなくなりましたが、中小企業に限っては、それと同じような制度があります。いやむしろ、退職引当金よりも有利な制度があるのです。独立開業したばかりの人や業界団体に入ってない人は、知らない人も多いかもしれませんので、次項で説明しましょう。

退職金を積み立てて節税する

中小企業が、退職金を積み立て、それを経費に計上することができる方法が、中小企業退職共済という制度です。

中小企業退職共済とは、中小企業がこの共済に毎月いくらかずつを積み立てて、それを従業員が退職したときに退職金として支払うという制度です。

中小企業退職共済を使えば、企業が毎年損金として、退職金を積み立てることができるのです。

たとえば、中小企業退職共済を使って1人当たり月3万円を積み立てていたとします。これは会社の経費に計上することができますので、毎年社員1人当たり36万円の経費計上ができます。20年後には利子も含めるとだいたい800万円に、30年後には1200万円くらいになっているのです。

それだけの備えがあれば、社員が退職したときに慌てなくてすむでしょう。

さらにこの中小企業退職共済が、節税上有利なポイントとして、1年間の前納が可能な点も見逃せません。

だから期末に1年間前納すれば、期末になってからの節税策ともなります（ただし、一度前納すれば、原則としてその後もずっと前納しなければなりません）。

また国からの若干の助成があり、単なる退職積立金と考えても有利な制度ですが、**節税商品としても抜群の内容**といえるでしょう。

中小企業退職共済は、資本金5000万円以下（製造、建設業は3億円以下、卸売業は1億円以下）の企業であれば、どこでも加入できます。

中小企業退職共済の掛け金は、従業員1人当たり月5000円から3万円まであり、その間の増額は自由にできます（減額は、理由が必要）。

また特例としてパートタイマーなどには、1人当たり月2000円から4000円の掛け金設定もあります。

ただ原則として、全従業員に掛けなければなりません。経営者や役員、家族従業員は加入することができないので、経営者の資産形成のためには使えません。

従業員に退職金を払う慣習のある中小企業や、払おうと思っている中小企業は、経費計上ができて、積み立てられるこの制度をぜひ活用したいものです。

中小企業退職金共済事業本部
〒170-8055　東京都豊島区東池袋1-24-1ニッセイ池袋ビル
電話03-6907-1234

第5章

税務署には逆らわず、従わず

税務調査は追徴税を稼ぐためにある

経営者にとって、天敵といえば税務署です。経営者にとっては、警察よりも税務署のほうが怖いのではないでしょうか?

税務署は、ときどき税務調査をします。これが、経営者にとっては厄介でしょうがないものです。

税務署というところは、所得税、法人税、消費税などの国税の申告を受け付け、納税を管理する機関です。なので、主な仕事は申告が正確に行われているかどうか、納税がきちんとされているかどうかを監視することです。

そして税務調査というのは、納税者の申告が正しいかどうかをチェックする作業のことです。

とまあ、これは建前上のお話です。

税務調査の本当の目的というのは、「追徴税を稼ぐこと」です。

税務署の調査官というのは、追徴税をどれだけ稼ぐかで、仕事が評価されます。だから、必然的に追徴税を取ることが目的とされるのです。

私が税務署員だったころは、各人の調査実績（追徴税の額など）を表にして、職員全員が回覧していました。よく保険の営業所などで、営業社員たちの契約獲得者数が棒グラフにされていたりしますが、あれと同じようなものです。

だから税務調査というのは、「追徴税を稼ぐ」という主旨で作業が進められていると思ったほうがいいのです。

税務調査は脱税している会社だけに行われるものではない

誤解されやすいのですが、「税務調査される」ということと、「税金を誤魔化している」ということは、イコールではないのです。一般の方は、税務署が入るというと、どうしても「脱税」というイメージをもたれることが多いようです。

税務調査がどういうときに行われるのかというと、原則としては「申告書に不審な点があったとき」ということになっています。

けれど、実際は必ずそのとおりではないのです。

税務署は、1年間に一定の件数の税務調査をしなければならないようになっています。年度がはじまる前に作られる「事務計画」で、税務調査する件数が決められているのです。

その件数をこなすためには、「不審な点がある申告書」だけを調査していても、足りません。

また申告書というのは、それを見ただけでは、正しいかどうかがわかるものではありません。実際に申告者のところに行って、帳簿や関係書類を見せてもらったり、事業の状況などを聞かせてもらったりしないと、本当のところはわかりません。

なので、**ある程度の規模で、順調に事業を続けている事業者には、だいたい数年おきには税務調査をする**ことになります。

だから、残念ながら完璧に税務調査を回避する方法はありません。税務調査を受ける可能性というのは、だれにでもあるのです。特に毎年、きちんと黒字が出ているような事業者は、数年に一度は税務調査を受ける羽目になります。

税務調査は断ることもできる

税務調査を受けたことがない人のために、ここで1つの例を出して税務調査の賢い受け方をお話ししましょう。

開業して5年目のF社に、税務調査がきたときの話です。

その日の2週間前、顧問税理士から電話がありました。

「再来週の月曜日、税務署が調査をしたいといっていますが、大丈夫ですか？」

F社の経営者は、税務署の調査は必ず受けなくてはならないものと思い込んでいたので、即座に答えました。

「大丈夫です」

これは、いい対応ではありません。

税務署がきたときに、まずしなければならないことは、税務調査を受けるかどうかの決断をすることです。

そして**税務調査は、必ず税務署の提示した日時で受けなくてはならない、ということはありません。予定がある場合は、断ってもいいのです。**

税務調査には、大きく分けて2つのやり方があります。

1つは、事前に「〇月〇日に税務調査をします」ということを納税者に打診した上で行う「事前予告調査」です。

もう1つは、予告はせずに抜き打ち的に行う「無予告調査」です。税務調査は本来は、「事前予告調査」が原則です。しかし、条件つきで無予告での抜き打ち調査も認められています。現金商売者などの場合は、売上金を隠してしまえば簡単に脱税ができてしまうので、抜き打ち調査も認められているのです。

この両方の調査とも、必ず受けなくてはならない、ということではありません。**正当な理由がある場合は、一旦断ることもできる**のです。一旦、断ったあと、別の日に受ければいいのです（ずっと断り続けることはできません）。

裁判所の許可状が発行された強制調査は断ることができませんが、普通の中小企業が受ける税務調査のほとんどは任意調査ですから、正当な理由があれば断ることもできるのです。強制調査というのは、いわゆるマルサが行う調査のことで、脱税額がだいたい1億円以上にならないと行われません。なので、普通の会社にマルサの強制調査が入ることはまずないのです。

税理士に税務を依頼している人は、税理士に連絡して相談しましょう。税理士に依頼していない方は、自分で判断しなければなりません。

といっても、税務調査を拒否することは、ちゃんとした理由がなければなりません し、税務署側としても必至に税務調査を受けさせようとします。

どこかに必ず行かなければならないとか、人に会わなければならないような用事など しっかりとした理由がある場合は、税務署の調査官にその旨を説明しましょう。

抜き打ち調査といえども、断れないことはありません。どうしてもはずせない用事が あったり、代表者が不在の場合には断ることもできるのです。

しかし何度も断れば、税務調査に非協力的だとしてペナルティーの対象となることも あります（納税者は、税務調査には協力しなければならない義務があるのです）。しか し、一度断ったくらいでは、ペナルティーなどはありません。

税務署員のいいなりになるのはダメ

税務調査のほとんどは任意調査で、納税者の同意なくして調査官は何もできません。しかし、納税者は権利だけではなく義務も負っています。

調査官の質問に対して、納税者は必ず真実の回答をしなければならない、という大きな義務があるのです。警察の取り調べのように、自分に不利なことは話さなくてもいい「黙秘権」は認められていないのです。

もし、知っているのに知らないといったり、嘘をついていたことが発覚した場合、そのこと自体がペナルティーの対象となる場合もあるのです。だから見方によっては、税務調査というのは警察の取り調べより厳しいともいえます。だから調査官の質問に対してはできるだけ誠実に答え、調査に協力したほうがいいのです。

ただし、だからといってすべて調査官のいいなりになるのも、いい結果にはつながりません。

税務署の調査官というのも公務員であり、サラリーマンです。先に説明したように、彼らは納税者から追徴税を取ることをノルマとされています。だから、なんとかして追徴税を取りたいのです。

税務署員は、納税者が大人しいと見るや、とても図々しく調査をします。

事業と関係ない場所にもどしどし踏み込んだり、プライベートの持ち物をチェックしたりもします。

先ほどのＦ社を例にご説明しましょう。

Ｆ社の経営者は、税務署のいうことはなんでも聞かなければならない、と思っています。それをいいことに、私は、Ｆ社のありとあらゆる場所を調べさせてもらいました。

「カバンの中を見せていただきますよ」

「は、わかりました」

「自宅をちょっと見せていただきますよ」

税務調査ですべきこと、してはならないこと

○ 税務調査ですべきこと

1. なるべく税務調査に協力すること
2. できないことはできない、ということ
3. 納得いかないことに即答しないこと

× 税務調査でしてはならないこと

1. 調査官を邪険に扱うこと
2. 調査官のいいなりになってしまうこと
3. 調査の現場から離れること

「は、わかりました」

という具合です。

ちょっとした言葉のあやではありますが、「自宅をちょっと見せていただきますよ」というのは、調査官としては一応、打診している言葉なのです。「自宅を見せてください」という意味なのです。だから、断ることもできるのです。

しかし、F社の経営者はそんなことは知りませんから、「自宅を見せてもらいます」といわれれば、それは義務のように思い込んでいるのです。

税務署の調査官は、こういう手をよく使いますので気をつけてください。

さも、納税者側の義務のように思い込ませて、どこにでも入ったり、なんでも見たりするのです。

しかし、再度いいますが、**税務調査というのは、基本的に何をするにも納税者の同意が必要**なのです。納税者は、事業と関係のあるものはすべて見せる義務はありますが、そうでないものは見せる必要はないのです。

だから、調査官が事業に関係ないものを見ようとしたり、事業と関係ない場所に入ろうとした場合は断ることはできるのです。

調査官にいいくるめられるな！

調査官によっては、本当は課税漏れではないのに、納税者をうまく口車に乗せて追徴税をせしめようという人もいます。

税務署の調査官というと、法律に従って淡々と処理をする人、間違ったことは絶対にいわない人と思っている方も多いでしょう。

でも、決してそうではありません。

税法というのはグレーゾーンが多く、解釈の仕方で税額が変わってくることもあります。納税者がそれを知らないことをいいことに、無理やりいいくるめて税金を取ろうとする調査官もいるのです。そして残念なことに、こういう調査官は実はけっこう多いのです。だから、調査官の指摘でもし納得のいかないことがあれば、納得がいくまで説明を求めましょう。

先ほどのＦ社を例にとって、ご説明しましょう。Ｆ社は、今回がはじめての税務調査ということで、社長は税務署がくるということにすっかりビビッていました。

Ｆ社の経営者はとても真面目そうで、経理はしっかりしており、不正などを行っているようには見えませんでした。

仕方がないので、私は「重箱の隅つつき」をはじめました。期末の売上計上漏れをチェックしたのです。期末の売上は、本当はその期の売上に計上しなければならないのに、翌期に繰り越されていたりして、けっこうミスがあるものなのです。不正ではないけれど、追徴税が取れるので、調査官は不正が見つからずに困ったときには、期末の売上を見ることが多いのです。

私は、期末のうちに終わっていると思われる仕事をいくつか見つけましたので、さっそく経営者に追求しました。

「この仕事は、期末のうちに終わっているでしょう？　ならば、今期の売上に計上してもらわなければなりません」

すると、経営者は、真っ赤な顔をして私に平謝りに謝りました。

「どうもすみません。これから気をつけます」

経営者があっけなく認めたので、私は拍子抜けしました。

経営者によっては、「その仕事はまだ終わっていなかったんですよ」とか「その仕事は取引先の確認が終わっていなかったので」などと、ノラリクラリとかわす人もいるものなのです。それを説得するのは、調査官にとって大変な労力となります。

しかし、あっけなく認めてくれると、これほど楽なことはありません。追徴税というのは、明確な誤りでなければ、経営者と調査官との交渉で決められることになります。経営者が、調査官のいうことをなんでも聞いてくれるということは、この交渉が、圧倒的に調査官に有利なかたちで進められるということです。

期末の売上計上漏れといえども、追徴税はしっかり取れます。それは、調査官の実績にはつながるのです。

逆にいえば、経営者から見れば、新たに税金を支払わなければならない、ということです。

このように**調査官のいうことを素直に聞いていれば、会社にとっては大きな損となる**のです。

調査官のいうことに納得がいかない場合や不明な点がある場合は、必ず納得するまで説明を求めましょう。

また税理士に頼んでいる人は、納得いかないことに関しては、すべて税理士と相談してから回答しましょう。特に追徴税が発生するような指摘を受けた場合は、その場では絶対に即答しないことです。

調査官というのは、相手が大人しくいうことを聞くと見るや、どんどん無茶な要求をしていくようになります。税務調査も、店の中だけではなく、家の中まで入り込もうとしたり、開店したのに居座ったりすることもあります。

だからいいたいことははっきりいわないと、払わなくていい税金を払わされる羽目になってしまうのです。

総じていいますと、**「応対は紳士的に、かといって相手のいいなりにはならない」**ということが、賢い税務調査の受け方だといえます。

あからさまな敵対はいい結果を生まない

「税務署に対していいたいことはいうべき」と述べましたが、かといってあからさまに敵対することもまずいといえます。

税務調査関連の書籍などでは、「調査官とはなるべく話さないほうがいい」とか、「税務調査は最低限度の協力だけをすればいい」という記述がされているものも多くあります。

税務調査のほとんどは任意調査なので（巨額な脱税を除く）、調査官は何をするにも納税者の同意が必要、という建前があります。なので、税務調査にはなるべく協力しないほうがいいというのです。

しかし、これはあまり現実的ではありません。

調査官も人間です。あからさまに敵対的な態度に出られれば、厳しい対応になります。念入りに税務調査をして、困らせたいというような気持ちにもなるでしょう。それは調査期間を長引かせることにもなり、納税者にとっても決して有利には働きません。

たとえば、私が税務調査をした会社でこういう会社がありました。地方の折り込み広告などの業務を営むK社という会社です。この経営者は税務署が嫌いらしく、会った当初からあからさまに敵対的な態度を見せていました。

最初の挨拶以外は、ほとんど私と話すことはありません。私が何か質問をしても、「税理士の先生に全部かませているので」といって答えてくれません。税務調査というのは、その事業の内容を把握しないと、前には進まないものです。だから、経営者がなんにも話さないということは、税務調査ができないということになるのです。税理士のほうが気を使って、「社長、調査官が聞いておられるのだから、わかることは答えないと」とたしなめる始末でした。

この会社は、経理はしっかりしていたので、課税漏れなどはあまり見込めませんでした。しかし若かった私は、経営者の態度に腹を立て、少しでも追徴税を取れるように頑張りました。本当ならば2日間で終わっていた調査ですが、「この会社は調査に非協力的だから」と上司に頼みこんで、日数を4日に延ばしてもらいました。

結局、軽微な課税漏れで調査を終了したわけですが、徹底的に調査をされるということは、無駄な時間がかかるわけですから、K社にとって有難いはずはありません。

このように、**あからさまな敵対的な態度は、経営者にとっては決していい結果を生みません。**

基本は紳士的な対応をしたほうがいいでしょう。まず最初にお茶くらいは出したほうがいいですし、若干の世間話などもしたほうがいいでしょう。その上で、いいたいことはいうし、納得できないことは承服しない、という態度を取るべきなのです。

調査官は「不正発見」に命をかける

調査官たちは、ただ追徴税を稼ぐだけではダメなのです。「不正を発見して追徴税を稼ぐ」ということが求められているのです。

税務申告の誤りには、2種類あります。「不正」と「不正でないもの」です。不正というのは、わざとあるものを隠したり、ないものをでっちあげたりして税金を操作することです。「不正でないもの」というのは、うっかりミスや税法の解釈の誤りのためにミスしたものです。

同じ申告の誤りでも、「不正」と「不正でないもの」の間には大きな違いがあります。まず納める追徴税の額が違ってくるのです。

「不正でないもの」が発見された場合、新たに納付すべき税金は、10～15％の割り増しになります。これは、過少申告加算税というものがかかるからです。

一方、**「不正」が発見された場合、新たに納付すべき税金は、35～40％の割り増し**になります。「不正」には、過少申告加算税よりも重い重加算税というものが課せられるからです。

申告誤りのペナルティー「加算税」とは？

加算税の種類	内容	税額
過少申告加算税	はじめの申告に誤りがあり、課税の追加があった場合にかかる税金	追加された税金の額に10%をかけたものが過少申告加算税となる。50万円以上か、納税額を超えた場合は15%
無申告加算税	納付する税金があるのに、期限内に申告書の提出がされなかった場合にかかる税金	納付されるべき税金に5%をかけたものが無申告加算税となる。税務調査を受けてからの申告では15～20%
不納付加算税	源泉徴収税が期限内に完納されなかった場合にかかる税金	納付されなかった税金に10%をかけたものが不納付加算税となる
重加算税	申告に誤りがある場合などで、仮装隠ぺいなどの不正工作があった場合にかかる税金	追加された税金の額に35%をかけたものが重加算税となる。期限後申告の場合は40%

たとえば、申告の誤りをしていて100万円の税金を新たに納めなくてはならなくなった場合。これが「不正でないもの」ならば、110万円の追徴税ですみます。しかし、これが「不正」だったなら、135万円の追徴税を払わなくてはならないのです。

ちなみに、前ページの表に載っている他の加算税のことも紹介しますと、無申告加算税というのは、本当は申告しなければいけないのに、申告をしていなかった人に課せられるものです。これは税金が5％割り増しになります。そして不納付加算税というのは、源泉徴収すべきなのに、していないときに課せられるもので、税金が10％割り増しになります。

なるべく多くの追徴税が欲しい調査官としては、割増率の高い「不正」のほうにしたがるのです。

不正だけはしてはならない

「不正」は、その金額が多額になった場合、脱税として起訴されます。逃れた税金がだいたい1億円以上だった場合、起訴されるとされています。つまり、脱税という犯罪は、税務申告の不正額が大きいものということがいえます。

調査官としては、もっとも手っ取り早く目立った実績を挙げるには、不正を発見することが一番なのです。だから、調査官は税務調査では、まず全力を挙げて不正を見つけようとするのです。

では、不正というのは具体的にはどういうものを指すのか、ご説明しましょう。

税法では、不正というのは、「仮装隠ぺいなどをすること」となっています。仮装というのは、帳簿や証票類を書き換えたり、偽造したりすることです。隠ぺいはその名のとおり、隠すことです。

仮装には、偽の領収書を作って経費を水増ししたり、本当は雇っていない人を雇っているような細工をして、架空の人件費を作ったりする方法があります。

また隠ぺいというのは、売上金をそのまま隠してしまう、というようなことです。売上の一部を帳簿につけずに別保管したり、隠し口座に入金したりするというわけです。

まあ、いわゆる脱税工作ですね。映画やテレビなどで見たことがある人も多いかと思われます。

商売をしている人、ある程度儲かっている人の中には、この不正（脱税工作）の誘惑にかられたことがある人も多いのではないでしょうか？

しかし、**税務申告において、不正（脱税工作）だけはしてはならない**、といえます。これは、社会道義的な面もありますが、なによりリスクが高いからです。先ほども述べましたように、税務署の調査官というのは、不正を発見することが仕事です。つまり、不正の発見については、非常に高度なノウハウを持っているのです。

そして**一度、不正が発見されてしまえば、多額の追徴税が課せられる上、その後、税務署から重点的にマークされることになります**。税務調査の頻度もぐっと増すことになります。

こんなバカバカしいことはないのです。

税務署の調査官の決算書の見方

ここまで税務署員から見た税務調査を述べてきましたが、このページでは、調査官がどういうふうに決算書を見るか、ということを述べたいと思います。

調査官たちは、決算書の損益計算書と貸借対照表を見比べたりはしません。

よく株のマニュアル本などでは、「損益計算書と貸借対照表の流れを掴めば、その会社の状況がわかる」などと書いてありますが、調査官たちは損益計算書と貸借対照表の流れに、それほど重きを置きません。

では、調査官たちはどういう読み方をするかというと、**数年分の決算書を並べる**のです。そして、**数年間の数字の動きを見る**のです。

たとえば、利益の欄。過去3年分の利益を並べてみて、増えているか減っているか。そして売上の欄。過去3年分の売り上げが増えているか減っているか。もし、売上が増えているのに利益が増えていなければ、この会社は本当は儲かっているのに、何か細工をして利益を抑えているのではないか、というような見当をつけるのです。

決算書というのは、それを作るほうとしては、毎年、完璧に作り上げているのです。

銀行や税務署が見ても、不審な点がないように、もし不都合な点があったとしてもうまく隠しているのです。だから1年分の決算書を見ても、その会社の本質というのはなかなかわからないのです。

しかし、決算書を数年分並べて過去と比較対象すれば、その会社がどういう状況にあるのか、本質的なものが見えてくるのです。

だから、決算書を見る上でもっとも重要な点は、損益計算書と貸借対照表のつながりを見るのではなく、数年間の動きを見ることだと、私は思うのです。

ヘボ税理士を顧問にすると悲惨

税務署対策において欠かすことができないのが、税理士です。**いい税理士を探すことは、かなり効果的な税務署対策にもなります。**

また、中小企業にとって税理士というのは、かかりつけの医者のようなものです。税金対策のみならず、経営状況の診断、世間の景況などを教えてくれる大事な指南役でもあります。

しかし税理士というのは、みんな資格を持っているのだから一様かというと、決してそうではありません。医者と同じように、その能力には大きな差があるのです。優れた人とそうでない人、役に立つ人とそうでない人の差が非常に大きいのです。

優秀な税理士に出会うかどうかで、経営戦略上大きな違いが出てくるといえます。税理士の選択を誤ると、会社にとって大きな損害となります。

たとえば私の調査官時代、こんな税理士がいました。その税理士はK氏という国税OBの税理士でした。OBといってもピンからキリまでいますが、K氏は万年調査官として、一度も管理職につかずに定年までいった人でした。

このK税理士は、とにかくミスが多いことで税務署内では有名な存在でした。実務能力が非常に低いので、単純なミスがとても多いのです。調査官としては、この税理士の顧問先に行くのは楽でした。なぜなら、簡単に追徴税が取れるのですから。調査官たちは、調査に行く納税者がないときには、K税理士の顧問先に行きました。彼の顧問先に行けば、確実に追徴税が稼げるので、自分の実績が上がるのです。

こんな税理士の顧問先というのは、気の毒というほかありません。税理士が完全な自由競争ならば、こんな税理士は淘汰されるはずなのですが、税理士は広告に制限がされており、税理士が優秀かどうかは、外からはなかなかわかりません。だから、こんな税理士でも顧客がついたりするわけなのです。

国税OB税理士をうまく活用する

国税OB税理士というのは、国税を定年退職した人が開業した税理士のことです。開業税理士の中では、もっとも多いといわれている人たちです。

国税OB税理士の強みは、なんといっても、税務署とパイプを持っている、国税のことをよく知っているという点です。

たとえば私の調査官時代、こういうことがありました。ある会社が売上を誤魔化し、1000万円近い脱税をしていました。この会社には、国税OB税理士Y氏が顧問をしていました。このY税理士は、元国税の幹部であり、税務署員に対して強い影響力を持っていました。

Y税理士は、今は国税局の幹部となっているかつての自分の部下に連絡を取り、「穏便に取りはかって欲しい」という旨を伝えました。かつての部下もそう邪険にはできず、この件は「穏便」に取りはかられました。

こういうことは、もちろんいいことではありません。国税の恥部でもあるでしょう。国家的な見地から見るならば、こんなことは早くやめさせるべきです。しかし、**一企業の見地から見るならば、国税OB税理士の存在は経営戦略の中で上手に使うべき**だといえるでしょう。

ただし、元国税職員のだれもが、税務署と強いパイプを持っているわけではありません。先ほど紹介した無能税理士の例からもわかるように、OB税理士でも、税務署になんの影響力も持たない人もたくさんいます。

強いパイプを持っているのは、一般的には、退職する前に「偉いポスト」にいた人です。

一般の人には、偉いポストにいた人というのは見つけにくいものですが、簡単に見つける方法があります。税理士たちが集まる税理士会という団体がありますが、ここで要職を占めている人が「元偉い人」である可能性が高いのです。税理士会では、税務署での力関係がそのまま持ち越されることが多いのです（特に地方ではその傾向が顕著）。

また税理士会で要職にいる人は、税務署に対しても発言力を持っているため、税務署

税理士の種類と特徴

税理士の種類	特　徴
ＯＢ税理士（元ヒラ調査官）	税務署との交渉もまあまあで、実務もまあまあ。税務署との困難な折衝や、税務署に圧力をかけるのには向かない。
ＯＢ税理士（元国税幹部）	実務はあまりできないが、税務署に異常に睨《にら》みが利く。税務署に圧力をかける場合は最適。対税務署の用心棒代わりに使える。
試験クリア税理士（経験が長い人）	実務はすぐれているケースが多い。通常の決算書の作成、申告書の作成においては、頼りがいがある。税務署との交渉も、ＯＢ税理士ほどではないがまあまあできる。
試験クリア税理士（経験が短い人）	最新の節税策を知っていることが多く、節税面では大いに期待できる。しかし、当たり外れが多い（ダメな人はまったくダメ）。税務署との交渉はあまり期待できない。

も無茶なことはしません。なので、**税理士会で要職にある人に顧問をお願いするというのが、もっとも簡単に「偉い税理士」と出会う方法**なのです。

しかし、ＯＢ税理士に税務や経理処理能力があるのかというと、必ずしもそうではありません。特に偉くなって辞めた人は、退職前の10年以上（長い人では20年）は、ほとんど現場に出ていないので、当然、事務処理能力は高くありません。税務署を辞めたあと、一生懸命勉強している人もいますが、若い税理士に比べれば処理能力は劣るといわざるを得ません。国税ＯＢ税理士は、対税務署の交渉役、用心棒として考えたほうがいいでしょう。

若い試験クリア税理士は、税務署との折衝に難あり

税理士には、国税ＯＢのほかに、税理士試験に受かって開業した人がいます。

この税理士は、国税ＯＢ税理士に比べれば事務処理能力は高く、最新の節税の知識もあります。

ただ真面目であり、悪くいえば「杓子定規的」な傾向もあります（経験のない若い人

ほどその傾向があります）。**会計業務全般の指導を仰ぎたい（または任せたい）場合は、最適**であるといえます。ただ税務署との折衝となると、若い税理士では若干頼りないでしょう。

たとえば私の調査官時代、こういう税理士がいました。

その税理士は大学生のときに税理士資格を取り、会計事務所で数年修行したあとに独立した、30代前半のエリート税理士でした。

たしかに税法の知識は抜群で、事務処理能力も高い人でした。こちらが何か問いかけると、即座に、これ以上ないというような的確な回答が返ってきました。調査官の私が知らない節税策をいくつも知っていて、とても勉強させられました。

しかしこの税理士、若さゆえか、若干融通が利かない人でした。不正行為などは絶対に許せない人で、もし顧問先が不正（税金の誤魔化し行為）をしていたら、自分から顧問を辞めると公言しておりました。

私がこの税理士の顧問先を調査していたとき、残念なことに、不正をしていたことが発覚しました。売上を除外していたのです。この税理士はとても落胆しました。さすがに、本当に辞めるとはいい出しませんでしたが、その後の税務調査ではまったくやる気がなくなり、追徴税の交渉などもほとんどしませんでした。結局、不正をしていた会社の社長と税務署が直接、追徴税の交渉しました。必然的に税金は高くなります。

この税理士は不正行為を許せない人だったので、不正行為が発覚したときの対処法をまったく持っていなかったのです。

税金というのはキレイごとではすまされない世界なので、知らず知らずのうちに不正行為を行っていたり、やむにやまれず不正行為を行ったりするケースもあるものです。税理士というのは、そういうときにこそ顧客をかばい代弁し、追徴税をなるべく低く抑えなければならないのです。

この税理士は、それができなかったわけです。

もちろん、試験をクリアした税理士がすべてこういう人だとは限りません。ただし国税OB税理士に比べるなら、税務署との交渉においては若干劣る、ということは否めないでしょう。

地元の大きい税理士事務所に依頼する

ここまで読んでこられて、「じゃあ、どういう税理士にすればいいんだ」と思われた方も多いでしょう。

OB税理士にも試験クリア税理士にも、一長一短がある。そういわれても、忙しい経営者の方々にしてみたら、どっちを選べばいいのかわからない、というのも無理のないところだと思われます。

なので、ここではもっとも無難な税理士の選択方法をご紹介します。

それは、**地元で一番大きな税理士事務所に依頼する**という方法です。

税理士事務所というのは、大小さまざまです。自宅の1室をオフィスにして、事務員が1人、もしくは税理士が自分1人でやっているようなところから、数百人規模の事務員を抱える大きな会計事務所まであります。

たまに例外もありますが、一般的には大きな税理士事務所のほうが安心できます。税理士というのは、一度ついた顧客が離れることが少ないので、優秀な税理士ならば、必然的に顧客は増えていくばかりです。

つまり大きな税理士事務所ほどいい税理士がいる、という図式がだいたい成り立つのです。

また大きなところでは、スタッフも充実しており、税務調査がかち合って、肝心なときにきてくれない、というようなこともありません（小さな税理士事務所の場合、複数の顧問先に同時に調査が入ったりした場合は、対応がおろそかになるケースもあります）。

大きな税理士事務所の税理士は、税理士会でも要職を占めていたりするので、税務署に対する発言力も大きいのです。また**大きな税理士事務所は、試験クリア税理士とOB税理士の両方がいる**ことが多いのです。

だから、もしなんの情報も持たずに税理士を探す場合は、地元で一番大きな税理士事務所に依頼するのがもっとも安全です。その際、試験クリア税理士と国税OB税理士の両方がいることを確認しましょう。

そして、通常の申告作業は試験クリア税理士に頼みましょう。税務調査になれば、税理士事務所にいるOB税理士は、黙っていても動いてくれるものです。

また税理士というのは、自分の会社や事業所の税務署管轄内にいる人が有利といえます。

何度もいいますが、税理士は、納税者と税務署とのパイプ役でもあります。**地元の税理士であれば、管轄の税務署と付き合いがあります。自分の申告を受け付ける税務署と深いつながりを持つ税理士のほうが有利**なのです。

もし税理士が遠方の人であれば、自分の管轄の税務署とは、ほとんどつながりを持ちません。ですから、税理士は地元の人を選ぶのが無難なのです。

ということで、地元で一番大きい税理士事務所に頼むのが、もっともいいということになるのです。

地域の税理士会を有効活用する

税理士を探す場合、普通にできる方法でもっともオーソドックスなのが、その地域の税理士会に紹介してもらう方法です。

税理士会というのは税理士の集まりですが、税理士の監督指導、苦情受け付けなども行っています。税理士は開業するときには必ずここに入らなければなりません。税理士はすべて、税理士会に登録されているのです。

しかし、なんの材料も持たずに、ただ税理士を紹介してくださいといえば、はずれ税理士をあてられる可能性が高いでしょう。税理士会では、原則として会員税理士には公平にしなければならないからです。

税理士会に紹介してもらうときには、どんな税理士がいいのかを具体的にいうべきです。

税理士会に相談に行く前に、まずどんな税理士が必要なのか、税理士に何をしてもらいたいのかを整理してみましょう。

税務署との折衝を重点に考える場合は、有力な国税ＯＢ税理士が適当でしょう。税理士会の役員をしている税理士なども有効です。

さまざまな節税方法、経営戦略のアドバイスをしてほしい場合は、なるべく大きな税理士事務所に頼むべきでしょう。

そして紹介された税理士の経歴、たとえば国税ＯＢならば、最後はどのポストで辞めたかなどを聞いておきましょう。税務署との折衝役でＯＢ税理士に頼むならば、できれば署長で辞めた人、最低でも副署長以上のポストで辞めた人にしておきましょう。

そして税理士会で税理士を紹介してもらったら、その税理士事務所に直接行って、話を聞いてみて決めるべきです。そのときに、事務所に税理士は何人いるのか（多いほうがよい）、この税理士は自分に必要な要件を満たしているかどうか、税理士報酬の額やサービス内容を確認しましょう。

変な税理士にあたったら税理士を替えればすむことですが、一旦、税理士業務を任せるということは事業の内部情報を漏らすということになります。

税理士には守秘義務があるので、事業の情報が漏れることはないとは思われますが、なるべくなら、最初からいい税理士に頼んだほうがいいでしょう。なので選択段階では慎重を期したいものです。

税理士会は、税務署の管轄地域にだいたい1つあるので、最寄の税務署に聞けば、近くの税理士会を教えてくれます。

〒141－0032　東京都品川区大崎1－11－8　日本税理士会館
日本税理士会連合会
TEL03－5435－0931　FAX03－5435－0941

知り合いの税理士はやめたほうがいい

また税理士を頼むときに、知り合いに税理士がいるからといって、その人に頼んでしまうケースが非常に多いようです。

しかし、これはとても愚かなことだといえます。

無能な税理士と有能な税理士では、支払う税金の額がまったく違ってきます。また税務調査での対応もまったく違ってきます。税務調査が入る可能性がまったくない企業というのはないのです。知り合いだからといって、無能な税理士に頼めば、思わぬ損害を被らないとも限りません。

何度もいいますが、**税理士というのは個人差が非常に大きな職業です。**仕事ができない人は、本当にできません。

知り合いの税理士に頼んだ場合は、さらなる面倒なことが待っています。

税理士を替えにくいということです。

税理士は、自分に合っていない場合は、なるべく早く替えたほうがいいものです。でも知り合いだったら、なかなかそれができません。

しかし、知り合いの税理士がとても優秀だったら、それに越したことはありません。なので、ここで知り合いの税理士がどのくらい能力を持っているかチェックする方法をご紹介しましょう。

チェックするポイントは、次の3点です。

1．OB税理士か、試験クリア税理士か

2．税理士業の経験年数、事務所を独立してからの経験年数

3．顧客の数

チェック項目を1つずつ見ていきましょう。

OB税理士か試験クリア税理士かというのは、先に述べたように、税務署との折衝の役割ならばOB税理士、実務ならば試験クリア税理士、ということです。OB税理士の場合、辞めたときのポストが重要になってきます。

税理士業の経験年数、事務所を独立してからの経験年数は、もちろん長いに越したことはありません。また顧客の数も多いに越したことはありません。だいたい税理士1人につき50人以上の顧客がいれば、いい税理士ということがいえるでしょう。

第6章

コネと備えで経営危機を乗り切る

ピンチは必ず訪れる

どんなにうまくいっている会社でも、長い間経営をしていたら、1度や2度のピンチは必ず訪れます。社員が不祥事を起こしたり、取引先が倒産したり、景気が極端に悪化したりなど、ビジネス社会にはピンチになる要素はいくらでもあります。

会社というのは、ピンチになったときに、うまく乗り越えられるかどうかで、その真価が問われるともいえます。

これは経営全般にいえることですが、ピンチを防ぐ方法に、「これをやればＯＫ」というような絶対的な答えはありません。どういう形でピンチが訪れるかわからないからです。

なので本書では、「こうすればピンチは防げる」という絶対的な答えをご紹介することはできません。しかし、長いビジネス社会の歴史の中で、企業のピンチとして類型化されている現象を、ある程度は防ぐことができるのです。

ここでは、そういう方法をご紹介していきたいと思っています。

ピンチを防ぐための最大の方法は、備えをしておくことです。金銭関係のピンチならば、これで大部分を防ぐことができます。逆にいうと、金銭関係のピンチというのは、ピンチになってから対処しようとしても、なかなかできることではないのです。なので、ピンチを防ぐには、事前準備がもっとも大事だということになります。その事前準備の方法をこれからご紹介していきます。

商売にはコネクションが第一

経営に必要なものには、コネクションがあります。

コネクションは、長く経営を続けていく上では重要な要素になります。

この本の冒頭で、**お金儲けのスキームを見つけることが経営の最重要課題といいましたが、コネクションもそれに匹敵するくらい大事なもの**ではあります。

いいコネクションがあれば、会社がピンチになったとき、非常に助かります。

お金儲けのスキームを自分で見つけられなくても、すごいスキームを持っている人にコネクションを持っていれば、それだけで経営が成り立つというケースもあります。つまり、コネだけでやっていけるということです。これは、事業経営の王道から見れば、邪道のようにも見えます。しかし現実には、この方法で事業を成り立たせている企業は、いくらでもあります。

能の一つです。
コネクションをたくさん持っている、コネクションを作るのがうまいというのも、才能の一つです。だから、これを持っている人は、これを存分に利用すればいいのです。

人は感情の動物です。もし同じ商品を買うなら、知っている人と知らない人だったら、当然、知っている人から買うでしょう。

コネクションが重要なアイテムだということは、出版業界にいても非常によくわかります。

出版業界というのは、本を売るのが仕事です。本を売るためには、面白い本を作らなければなりません。本を作る上ではあまり制約がありませんので、どんな手を使っても、面白い本を作ればいいのです。いってみれば、出版業界は、「ザッツ自由競争」というような業界です。得てしてこういう業界ではコネなど通用せず、実力本位の世界だと思われがちです。

しかしこういう世界こそ、コネクションが重要な意味を持ったりするのです。

というのも、面白い本、売れる本を作るのは、実はとてもも難しいことです。機械を作るように、ただ性能の良いものを作ればいいというものではありません。本を作るということは、それ自体が試行錯誤なのです。

だれもがこれは絶対に売れるという自信がない。そういう中では、人からの情報などが、重要な要素になってきます。「だれかが、この企画は面白いといっていた」「面白い人がいる」そういう情報を頼りにすることなのです。

かといって、巷の情報を全部すくい上げることはできません。ガセネタもたくさんありますし、その膨大な情報を収集するだけで、非常な手間がかかります。となると、自分の知ってる人、信頼できる人から情報を得るということになります。だから、出版業界ではコネクションが重要な意味を持つようになるのです。

具体的にいいましょう。

たとえば、私が企画を作って出版社に持ち込むとします。そのときに、まったく面識のない出版社であれば、企画を見ずに捨ててしまうケースも非常に多いのです。出版社に持ち込まれる企画は腐るほどありますから。

しかし、1回でも面識のある編集者であれば、一応、企画を見てくれます。そうなれば、それが採用される可能性は、飛躍的に高まるのです。つまり、コネがあるのとないのとでは、出版業界で仕事をしていく上でまったく違うのです。

明らかにだれもが欲しがるような商品、黙っていても売れるような商品を持っているなら別として、普通の商売をしている人たちにとってのコネはとても大事なものです。

コネクションを持っている人の注意点もあります。

コネクションに頼りすぎては、事業経営は長続きしないということです。

もう1つは、コネクションを維持するためには努力が必要だということです。

ITの時代だからこそ重要なもの

昨今はITの時代です。

なので、若い人の中には、「コネなど必要ない、ネットを使えば、いくらでも事業はできる」と考えている人も多いようです。

しかし、それは違います。

確かにネットやITは便利です。人と顔を合わせなくても、行える事業は増えていきます。でも人と顔を合わせないで大きな取引をするということは、なかなかできません。

やはり人間は、顔を合わせて安心感を得ないと、大きなビジネスはできないものです。

また、これほど情報が氾濫している現在、本当に信頼できる情報をつかむのは大変なことです。そうなると、「信頼できる人」というのは、貴重な財産になるのです。

たとえば、私が税務調査をした会社に、こういう会社がありました。

その会社は、企業のパンフレットや広告誌を作っているH社です。

H社は20年間この事業を続けてきました。この会社、20年の間、ほとんど取引先が変わりません。顧客もそうですが、外注業者や使っている印刷会社などもほとんど変化がないのです。

H社の取引している印刷会社は、古い町工場のようなところです。お洒落な企業パンフレットを作っているH社なんだから、もっと新しい印刷会社と取引をすればいいのじゃないか、そのほうが価格も安いのではないか、と私は思いました。そうすれば、もっと利益率も上がるだろうにと。

そして若かった私は、思わず社長に聞いてしまいました。

「なんで、古い業者さんと取引しているんですか？　H社は、お洒落なパンフレットを作っているから、もっと新しい業者さんと取引したほうが安いし、いいものができるのではないでしょうか？」

「そりゃあ、安い業者を探したほうが一時的には利益が出ますよ。でも長い付き合いのある業者というのは、ある意味財産なんです」

「財産？　ですか？」

「そう。長い付き合いの業者さんたちはこっちが苦しいときには、支払いを待ってくれたりもします。商売っていうのは、いいときばかりじゃありませんからね。悪いときに助けてくれる人が周囲にどれだけいるかっていうのも、会社の実力のうちだと思うんですよ。もちろん、慈善事業をやっているわけじゃないんだから、仕事をしっかりしてくれないような業者とは付き合いませんがね」

H社は、売上はあまり伸びてはいないけれど、毎年、業績に大きな変化はありません。会社というのは、一時、すごい隆盛を誇っていても、あっという間に消えてなくなることがよくあります。というより、普通に20年間、営業できた会社というのはそれだけで、大金星のようなものです。

H社が、20年間仕事を続けてこられたのは、こういうコネを大事にしてきたからなのかもしれません。

まずは同業者の会合に出る

これまで経営におけるコネの大切さを述べました。でも、こんなふうに思われている方も多いのではないでしょうか。

「コネを作るといっても、中小企業の経営者が、そうそう新しいコネを作れるものではない」と。

確かに忙しい経営者の皆さまは、仕事関係の付き合いに忙殺され、交際範囲を広げるなんてことはなかなかできないかとも思われます。

そういう方のために、手っ取り早くコネを作れる方法をこれからご紹介していきましょう。

まずは、**同業者組合、同業者の会合などに出る**ことです。

日本の産業は、だいたいどんな業界でも同業者の組合や会合があります。それに加入すればいいのです。

経営者の方には、「同業者組合なんてかったるい」「同業者はライバルなんだから仲良くする必要はない」と思っておられる方も多いでしょう。経営者というのは、基本的に独立独歩の精神がないとやっていけませんからね。

でも、同業者組合というのは、別に同業者同士で助け合う必要はないのです。情報収集の場所、と思えばいいのです。同業者の仲間がいれば、同業者ならではの悩みの相談もできますからね。

同業者組合や同業者の会合は、ネットを使えば簡単に見つかるはずです。だいたいどこの団体もサイトを持っていますからね。またネットのブログや、ミクシィなどのSNSを使って、同業者や業界関係者を探すのもいいでしょう。

地域のコネを作るには商工会議所

簡単にコネを作る方法には、商工会議所に入るというものもあります。

同業者組合は同業者同士の集まりですが、商工会議所というのは、地域の経営者同士の集まりです。ここで仲間を作れば、同業者同士ではいえない、経営上の悩みなどを相談することができるでしょう。

私は別に商工会議所のまわし者ではありません。私自身は商工会議所に入っておりませんし、商工会議所の知り合いもほとんどいません。以前、講演に一度だけ呼ばれたことがあるくらいで。

では、なぜ私が商工会議所をすすめるのかというと、私が調査官として企業の調査をしているとき、いいコネクションを持っている経営者というのは、商工会議所に入っている人が多かった、という記憶があるからなのです。

商工会議所は、さまざまな親睦会や研修などを行っています。なので、他業種の人と交流するにはもってこいの場所だといえます。

若い人は、商工会議所というと、地元のおっさんたちの集まりというような感覚で見ておられるかもしれません。確かにそういう面もあります。

しかし商工会議所は、使いようによっては有難い面がたくさんあるのです。

商工会議所に入っている経営者というのは、真面目な人が多いのです。また経営者としての経験が長い人も多いのです。そういう人の集まりというのは、堅苦しい面もあります。が、彼らの経験や知恵というのは、決して馬鹿にできるものではありません。彼らと仲間になれば、有意義な情報をたくさん得ることができるでしょう。

また商工会議所は、さまざまな経営支援事業を行っています。経営者向けの有利な保険、共済の斡旋などもしています。国民生活金融公庫に推薦もしてくれます。もちろん、融資がとおりやすくなります。

そういった意味でも、商工会議所は使い勝手のある場所なのです。

商工会議所の年会費は、資本金によって決められています。だいたい資本金1000万円未満で3万円、資本金3000万円未満なら4万5000円、あとは資本金に応じて増額されていきます。

税務署とのコネを作るなら青色申告会&法人会

青色申告会、法人会という団体をご存知でしょうか？

この2つは、税務署の肝いりで作られた経営者の団体です。青色申告会というのは、主に個人事業者を対象にした「青色申告」を推奨するために作られた団体です（法人の会員を受け入れる場合もあるようです）。各地域に支部が設置されていて、各税務署の管轄内に1つは必ずあります。

青色申告会というのはどういう団体かというと、簡単にいえば税務申告初心者の集まりという感じの団体です。

青色申告会に入れば、記帳指導などが受けられる上に、青色申告会をとおして申告書を提出することができます。もちろん、青色申告会をとおして申告すれば、税務署の心証は非常によくなります。

青色申告会も、商工会議所と同様にさまざまな親睦会や研修などを行っています。なので、**他業種の人と交流するにはもってこいの場所**だといえます。

また青色申告会の会合には、税務署の職員もときどき参加します。なので、税務署の人とコネを作るのにも持ってこいの場所といえるでしょう。月会費は1500円程度なので、商工会議所に比べればはるかに安いです。

そして青色申告会の法人版といえるのが、法人会です。法人会も、青色申告会と同様に適正な税務申告を広めることを目的に作られた団体です。

青色申告会と同様に、親睦会や研修会などもありますし、それには税務署の幹部なども参加します。法人会には青年部会や女性部会などもあり、より自分に近い立場の人とコネクションを作ることもできます。共済制度や経営支援なども行っています。

会費は資本金1000万円の会社でおおむね月額1000円程度で、資本金に応じて増額されます。これも商工会議所に比べれば、かなり安くなっています。

病気やけがで働けなくなったときの収入補償

経営が行き詰まる要因の1つに、経営者のけがや病気というものがあります。

経営者の中には、「もし病気になって働けなくなったらどうしよう」と思っておられる方も多いかと思われます。中小企業の経営者にとって、病気やけがというのは、資金繰りの悪化、不景気などと同様に、経営の最大の敵といえるでしょう。

経営者が病気になったとき、金銭的な面だけでも補償できる方法があります。それは、休業補償の保険に入ることです。

商工会議所が扱っている保険商品で、**「休業補償保険」**というものがあります。

これは、**病気やけがになって働けなくなったとき、平均月収を最長1年間補償するという保険**です。

仕事上での病気やけがならば労災が出ますし、仕事以外の病気やけがで仕事ができなくなった場合は傷病手当が出ます。しかし、これは月収の3分の2までです。これでは苦しいという方も多いでしょう。

それを埋めるのが、この休業補償保険なのです。休業補償保険では、月収平均の満額をもらうことができるのです。だから、病気やけがをして働けなくなっても、とりあえず1年間は収入の心配はいらないことになります。

またこの**休業補償保険は、従業員にかけることもできます。**そうすれば、従業員がけがや病気で働けなくなったときに、報酬を支払うことができます。従業員の給与面での待遇も、かなり良くなるといえます。「病気やけがで休んだとき、給料が全額支払われる」となれば、けっこういい会社だと思われるはずです。

この**休業補償保険の掛け金は、節税策としても使えます。**

社員全員にかける場合は、福利厚生費として会社の経費から出すことができます。社員にも税金はかかりません。社員の一部にかける場合は、会社の経費で出せますが、社員には給料として課税されることになります。

この休業補償保険は、主に商工会議所が扱っています。なので、問い合わせはお近くの商工会議所にするといいでしょう。商工会議所をとおさなくても加入できる場合もありますが、商工会議所からがもっとも加入しやすいといえます。こういった面からも、商工会議所は使い勝手があるのです（損害保険会社に直接問い合わせても大丈夫です）。

景気が悪くなったときに国からもらえるお金

第2章でも紹介しましたが、国は企業に対してさまざまな助成金を出しています。その中には、企業の経営が悪化したときにもらえるものもあります。

代表的なものは、中小企業緊急雇用安定助成金です。

中小企業緊急雇用安定助成金というのは、売上などの減少で休業等を行った場合に、その休業手当などの一部を助成するものです。

この助成金をもらうための主な要件は以下のとおりです。

①雇用保険の適用事業主であること

②景気の変動、産業構造の変化そのほか経済上の理由により、事業活動の縮小を余儀なくされたこと。事業活動の縮小とは、売上高または生産量などの最近3ヵ月間の月平均額が、その直前3ヵ月または前年同期と比べて5％以上減少していること（ただし、

前期決算等の経常損益が赤字であれば5％未満の減少でも可）
③労使間の協定によりその雇用する被保険者を休業、教育訓練または出向させること

助成される金額は、賃金の8割です。ただし、1人1日当たり雇用保険の基本手当日額の最高額（現在7685円）が限度となります。

一定の雇用維持要件を満たした企業は、助成率が9割まで引き上げられます。

申請手続きは、次のような流れになります。

「休業等実施計画届」の届け出
↓
休業・教育訓練の実施
↓
支給申請書の提出

若干、面倒ではありますが、ただでお金をもらえるのだから、頑張って手続きをしま

しょう。ハローワークに問い合わせてみてください。

連鎖倒産予防保険「経営セーフティー共済」

会社のピンチには、取引先が倒産する、というようなものもあります。これは、自社の努力だけではなかなか防げるものではないので、とても厄介なピンチでもあります。

しかし、このピンチに事前に備える方法があります。

「経営セーフティー共済」に加入するのです。

「経営セーフティー共済」とは、取引先に不測の事態が起きたときの資金手当てをしてくれる共済で、昨今の連鎖倒産などを予防するために、国が作った制度です。

この制度は、簡単にいえば、毎月いくらかのお金を積み立てておいて、もし取引先が倒産とか不渡りを出して被害を被った場合に、積み立てたお金の10倍まで無利子で貸してくれますよ、というものです。

たとえば、毎月5万円をかけているとします。2年後、掛け金は120万円になっています。その際、もし取引先が倒産して売掛金が回収できなかったようなときには、1

２００万円まで無利子でお金が借りられるのです。

しかも、**掛け金は掛け捨てではなく全額返還**されるのです。

掛け金は、もし不測の事態が起こらなかった場合は、40ヵ月以上加入していれば全額解約金として返してもらうこともできます。40ヵ月未満の加入者は若干返還率が悪くなりますが、返還してもらえます。

また**掛け金の95%までは、不測の事態が起こらなくても借り入れることができます。**

この場合は利子がつきますが、それでも1.5%という低率です。なので、運転資金が足りないときには、貯金を引き出す感覚でこの掛け金を借りることができます。

なぜこんな有利な保険制度があるかというと、これは国が作った中小企業の救済制度だからです。何度もいいますが、国の作った制度というのは、けっこう使えるものがたくさんあるのです。

またこの「経営セーフティー共済」は、節税にもなります。

というのも、**「経営セーフティー共済」は掛け金が全額経費に計上できる**のです。1年分の前払いもでき、前払いした分もすべて払った年の経費に入れることができます。

なので、**儲かった年にこの共済に加入すれば、大きな節税になるのです。**

経営セーフティー共済は、毎月の掛け金の額を5000円から8万円まで自分で設定できます。年末に加入し、最高額の掛け金にして1年分前払いすれば、所得が「96万円」も削減できます。

また途中で増減することもできます。

なので、初めの掛け金は節税のために最高額にしておいて、景気が悪くなったら減額する、という手も使えます。

経営セーフティー共済は倒産防止保険がついた預金のようなものだといえます。公的機関が作っている制度なので、潰れる心配もありません。

●経営セーフティー共済制度の概要

〈加入資格〉

・1年以上事業を行っている企業

・従業員300人以下または資本金3億円以下の製造業・建設業・運輸業その他の業種の会社及び個人

・従業員100人以下または資本金1億円以下の卸売業の会社及び個人
・従業員100人以下または資本金5000万円以下のサービス業の会社及び個人
・従業員50人以下または資本金5000万円以下の小売業の会社及び個人
・ほかに企業組合、協業組合など

〈掛金〉
・毎月の掛金は、5000円から20万円までの範囲内(5000円単位)で自由に選択できる
・加入後、増・減額ができる(ただし、減額する場合は一定の要件が必要)
・掛金は、総額が800万円になるまで積み立てることができる
・掛金は、税法上損金(法人)または必要経費(個人)に算入できる

〈貸付となる条件〉
加入後6ヵ月以上経過して、取引先事業者が倒産し、売掛金債権などについて回収が困難となった場合

〈貸付金額〉
掛金総額の10倍に相当する額か、回収が困難となった売掛金債権などの額のいずれか少ない額（1共済契約者あたりの貸付残高が３２００万円を超えない範囲）

〈貸付期間〉
５年（据置期間６ヵ月を含む）の毎月均等償還

〈貸付条件〉
無担保・無保証人・無利子（ただし、貸付けを受けた共済金額の1/10に相当する額は、掛金総額から控除される）

〈一時貸付金の貸付け〉
加入者は取引先事業者に倒産の事態が生じない場合でも、解約手当金の範囲内で臨時に必要な事業資金の貸付けが受けられる

〈加入の申込先、問い合わせ先〉
金融機関の本支店・商工会連合会・市町村の商工会・商工会議所・中小企業団体中央会など

経営者が自分の退職金を積み立てる

サラリーマンならば、定年になったとき退職金がもらえます。

でも中小企業の経営者の場合、自分が会社を辞めたとき、退職金をもらえるかどうかはわかりません。会社にそれだけの資産が残っていれば退職金としてもらえますが、その保証はどこにもありません。

けれど、国の作った制度を使えば、経営者が退職金を積み立てることができます。

前項では、「経営セーフティー共済」を紹介しましたが、これと似たようなもので、**小規模企業（法人や個人事業）の経営者の退職金代わりに設けられている、「小規模企業共済」という制度**です。

毎月、お金を積み立てて、自分が引退するときや事業を止めるときに、通常の預金利子よりも有利な利率で受け取ることができるものです。

月に1000円から7万円まで掛けることができて、これが退職時に利息を上乗せして支払われるのです（年金として受け取る方法もあります）。

「毎月、お金を積み立てて、最後に利子をつけてもらえるんなら、普通の定期預金と変わらないじゃないか」

そう思われた人も多いでしょう。

しかし、この小規模企業共済には、普通の預金にはない大きなメリットがあるのです。それは、**「節税になる」**ということです。

小規模企業共済は、掛け金の全額を経営者の所得から控除できます。だから、もし毎月7万円、年間84万円かけていたとするならば、84万円が所得から控除されるのです。これで、だいたい15万円から30万円の節税になります。この節税分を利息と考えるならば、かなり利率がいいということになります。

小規模事業共済の難点は、預金と違って自由に引き出すことができない、という点です。小規模企業共済でかけたお金は、その事業を止めたときに、受け取ることができる

加入すれば税金が安くなる「公的」節税商品

項目	小規模企業共済	セーフティー共済
内容	中小企業の経営者が、退職後のために積み立てる制度。掛金は毎月1000円から7万円までの間で自由に設定。	連鎖倒産防止のための積立制度。貸倒などが生じた場合、積み立てた額の10倍まで、無利子で借り入れできる。掛金は5000円から20万円の間で自由に設定。
加入資格	従業員が5人以下の事業者 （サービス業の場合）	従業員が100人以下の事業者 （サービス業の場合）
受付窓口	お近くの商工会議所	お近くの商工会議所

ようになっているからです。

けれど事業が思わしくなくなったときや、いざというときには、事業を廃止したことにすればもらえます。

事業を廃止しなくても解約できますが、その場合は給付額は若干少なくなります。また掛け金の7割程度を限度にした貸付制度もあるので、運転資金が足りないときには活用できます。

共済金を受け取った場合は、税制上、公的年金と同じ扱いとなり、ここでも優遇されています。公的年金は、普通の所得にかかる税金と比べれば、半分くらいしかかからないのです。

●小規模企業共済の概要

〈加入資格〉

従業員が20人（商業とサービス業では5人）以下の個人事業主と会社の役員

〈掛金〉

1000円から7万円までの範囲内（500円単位）で自由に選べます

加入後、掛け金の増額や減額ができます（減額の場合、一定の要件が必要です）。また業績が悪くて掛金を納めることができない場合は、「掛け止め」もできます

〈共済金の受け取り〉

事業を止めたとき、会社の場合は役員を辞めたとき、など

〈加入の申込先〉

経営セーフティー共済と同じ

あとがき

２０１２年末の安倍政権誕生以来、「アベノミクス」で日本経済はわいていますね。が、日本経済というのは、本来、ちょっとした景気、不景気で惑わされるような脆弱なものではない、と私は思うのです。

なんといっても日本は世界に冠たる経済大国ですし、世界中の富の10％以上を保有し、国民1人あたりの外貨保有高は世界一なのです。

バブル崩壊以降、日本経済は低迷してきたように思われていますが、決してそうではありません。大企業はこの20年の間にも、莫大な利益を計上し、内部留保金も株式配当も倍増以上になっています。個人の金融資産も、現在１５００兆円程度あり、これもバブル期から比べると倍増しているのです。

なのに、なぜこの20年、日本は苦しんできたかというと、中間層以下に金が回っていないからなのです。大企業の配当金や、大企業の役員報酬が倍々ゲームで増加する一方で、中小企業の経営は悪化の一途をたどり、サラリーマンの平均賃金は下がりっぱなしです。

中間層以下にお金が回らないと、必然的に消費は減ります。中間層以下というのは、収入に占める消費の割合が高いですから。

一方、高額収入者というのは消費の割合は低いので、この層の収入が増えても消費の増加にはつながらず、金融資産が増えるだけです。消費が減れば、物の値段も下げざるを得ず、デフレになる。だから、大企業の業績は決して悪くないのに、なかなか景気が上向かないのです。

そういう悪循環が、この20年続いてきたのです。

その悪循環を断ち切るには、まず中小企業に元気になってもらわなければなりません。そういう意味もあって、本書を執筆した次第です。

私が国税調査官として、企業の経営者とお会いしているうちに強く感じたことが2つあります。

1つは企業経営って大変なんだなあ、ということ。

もう1つは、人間、どんなことでも生きていけるんだなあ、ということです。

この2つは、相反する意味のようで、実はそうではないんです。

「企業経営はとても大変だけれども、本気でやろうと思えば、なんとかなるもの」

そういうことなのです。

中小企業の経営者の方には、なんとか頑張っていただきたいものです。

双葉社で出していただいている私の新書もこれで3作目となりました。ちなみに1作目は『悪の会計学』、2作目は『税務署が嫌がる「税金0円」の裏ワザ』です。こんなに出していただけたのも、ひとえに読者の皆様にご愛読していただいたおかげです。

また双葉社の旭氏、宮澤氏、菊池企画をはじめ本書を製作するにあたってご尽力いただいた皆様にこの場を借りて御礼を申し上げます。

皆様の幸福なビジネスライフを祈念しつつ

2013年4月　著者

大村大次郎（おおむら　おおじろう）
国税局に10年間、主に法人税担当調査官として勤務。退職後ビジネス関連を中心にフリーライターとなる。単行本執筆、雑誌寄稿、ラジオ出演、フジテレビ『マルサ!!』、テレビ朝日『ナサケの女』の監修等で活躍している。著書は『その税金は払うな！』（3刷）『悪の会計学』（5刷）、『悪の税金学』（4刷）、『悪の経済学』、『悪の起業学』（2刷）、『税務署が嫌がる「税金0円」の裏ワザ』（6刷）（以上双葉社）、『あらゆる領収書は経費で落とせる』（中央公論新社　19刷16万部）、『決算書の9割は嘘である』（幻冬舎　3刷1万5千部）、『無税生活』（ベストセラーズ　5刷2万7千部）、『脱税のススメ』（彩図社　3刷2万部）など多数。

双葉新書062

給料《きゅうりょう》が増《ふ》えて会社《かいしゃ》もうるおうボロ儲《もう》け経営術《けいえいじゅつ》

2013年 5月19日　第1刷発行

著　　者　大村大次郎《おおむらおおじろう》
発 行 者　赤坂了生
発 行 所　株式会社双葉社
〒162-8540 東京都新宿区東五軒町3番28号
電話 03-5261-4818（営業）03-5261-4869（編集）
http://www.futabasha.co.jp/
（双葉社の書籍・コミック・ムックが買えます）

装　　幀　妹尾善史
印刷所・製本所　中央精版印刷株式会社
編　　集　株式会社菊池企画

ISBN978-4-575-15412-2 C0295